Exmo. Sr. Prefeito:
Município sem Gestão não tem Solução!

Maria Lúcia Simões

Copyright © 2010 by Maria Lucia Simões

Todos os direitos desta edição reservados à Qualitymark Editora Ltda.
É proibida a duplicação ou reprodução deste volume, ou parte do mesmo,
sob qualquer meio, sem autorização expressa da Editora.

Direção Editorial	Produção Editorial
SAIDUL RAHMAN MAHOMED	EQUIPE QUALITYMARK
editor@qualitymark.com.br	producao@qualitymark.com.br

Capa	Editoração Eletrônica
RENATO MARTINS	ARAÚJO EDITORAÇÃO
Artes e Artistas	

CIP-Brasil. Catalogação-na-fonte
Sindicato Nacional dos Editores de Livros, RJ

S615e

Simões, Maria Lucia
  Exmo. Sr. Prefeito : municipio sem gestão não tem solução! / Maria Lucia Simões. – Rio de Janeiro : Qualitymark, 2010.
  96p.

  Inclui bibliografia
  ISBN 978-85-7303-920-7

  1. Administração municipal – Brasil – Manuais, guias, etc. 2. Administração municipal – Brasil – Planejamento. 3. Administração municipal – Brasil – Participação do cidadão. 4. Planejamento Estratégico. 5. Controle de qualidade. I. Título. II. Título: Município sem gestão não tem solução!

10–0737
CDD: 352.357
CDU: 352:005.6

2010
IMPRESSO NO BRASIL

Qualitymark Editora Ltda.
Rua Teixeira Júnior, 441 - São Cristóvão
20921-405 – Rio de Janeiro – RJ
Tel: (21) 3295-9800 ou 3094-8400

QualityPhone: 0800-0263311
www.qualitymark.com.br
E-mail: quality@qualitymark.com.br
Fax: (21) 3295-9824

Apresentação

Exmo. Senhor Prefeito Municipal:

Este livro é uma contribuição às equipes das prefeituras municipais brasileiras para que atuem em um contexto de Qualidade rumo a Excelência da Gestão participativa e compartilhada, por meio do aperfeiçoamento contínuo dos trabalhos realizados, para que os produtos e serviços tragam bem estar e satisfação ao cidadão usuário, à sociedade e à preservação do meio ambiente.

Faço uma abordagem direta e pragmática sobre o porquê é bastante difícil – **mas jamais impossível** – transformar a realidade das prefeituras públicas brasileiras em um ambiente de gestão com excelência, de aprendizado e de melhoria contínua. Muito desse quadro se deve ao funcionamento de um expressivo número de prefeituras de nosso país atuar em um contexto de muita incerteza, e, por conta disso, dissociado do processo de modernização do município, imprescindível nos dias de hoje. Como se não bastasse, existe precário entendimento da importância de se planejar estrategicamente a partir da missão institucional da Prefeitura, estabelecida e vinculada a intervalos de tempo previamente demarcados – visão de futuro – em que as ações irão se desenvolver.

Nos tópicos iniciais deste livro, faço referência aos compromissos de campanha e da importância de serem cumpridos, bem como da estrutura de governança municipal, e ressalto o quanto é relevante a escolha de profissionais para integrar sua equipe direta de colaboradores pautada no conhecimento, na competência e no compromisso que devem ter com a comunidade.

Em seguida abordo as diversas áreas sob sua administração e em linhas concisas sinalizo situações que, *a olho nu*, podem demonstrar uma infraestrutura municipal (saneamento básico, saúde, educação, meio ambiente), fragilizada, comprovando que a gestão do município, sem a indispensável ferramenta de aprendizado que é o planejamento, não consegue avançar.

Trato do número considerável de municípios de nosso país, com demografias díspares; da necessidade de se fazer gestão pública tendo como norte um Plano Diretor ou um planejamento moderado; destaco a importância do cálculo do Índice de Desenvolvimento Humano (IDH), para que se tenha uma visão sistêmica sobre os índices vigentes nos estados brasileiros, e que poderão ser aplicados em seu município e assim ficar ciente sobre quais indicadores de fato refletem a qualidade de vida da população municipal.

Demonstro, ainda, como aplicar a importante ferramenta de gestão – o planejamento – de modo simples, descomplicado e factível, propiciando-lhe condições de customizá-la à realidade do município. Sabe-se que a ausência de planejamento predispõe que se faça gastos desnecessários, eventuais e não programados, sendo necessário, portanto, empreender maior eficiência no estabelecimento prévio de metas, evitando-se perda de tempo e de recursos futuros. O planejamento é imprescindível para subsidiar suas decisões.

Discorro sobre a importância de envolver os órgãos representativos da comunidade, o estabelecimento de parcerias, reforçando que o planejamento estratégico tem de ter como foco principal o atendimento das necessidades básicas do cidadão e da população.

Destaco pontos nevrálgicos, muitas vezes simples de serem resolvidos, e que podem contribuir e muito para a excelência da gestão pública municipal. Alguns desses pontos têm impedido o bom desempenho institucional e a melhoria da qualidade de vida da população de municípios brasileiros, muito também pela pressa em gerar resultados, cultura dominante entre os prefeitos. Uma prefeitura tem de funcionar com um modelo de gestão estruturado, regimentalmente organizado, com processos de trabalho definidos e realizados a partir de um método de resolução de dificuldades, por um quadro de pessoas constituído formalmente, com perspectivas de progressão funcional, devidamente preparado e atualizado, com previsão de renovação periódica, para atender e disponibilizar com qualidade os produtos e serviços demandados pela população.

O Presidente Luis Inácio Lula da Silva distinguiu 2009 como o **"Ano Nacional da Gestão Pública"** (Decreto Presidencial, Diário Oficial da União de 17/3/2009, art. 1º). Os padrões ótimos de eficiência, eficácia e efetividade exigem quebra da cultura burocrática, cujo processo de mudança não é fácil e nem rápido. Passa pela redefinição de valores, capacitação e desenvolvimento dos colaboradores, bem como o envolvimento de órgãos representativos da sociedade no que tange à participação, acompanhamento e controle dos resultados apresentados pelas instituições públicas, predispondo o **Estado a ser referência em gestão**.

Maria Lucia Simões

Sumário

Afinal, Quem É Essa Tal Qualidade? 1
Os Candidatos e o Cidadão – A Campanha 5
Quatro Anos de Mandato pela Frente 11
Figurinha Repetida Não Completa Álbum 15
Sem Método, a Gestão dos Serviços Públicos Municipais
   Não Cumpre Sua Finalidade 21
   Saneamento Básico e Saúde 23
   A Educação nos Municípios 34
   O Meio Ambiente 41
Gestão Participativa: Plano Diretor 49
Índice de Desenvolvimento Humano – IDH 57
Gestão Pública com Excelência: É Possível 63
Accountability – Responsabilização 75
Referências Bibliográficas 81

MUNICÍPIO SEM GESTÃO NÃO TEM SOLUÇÃO!

Afinal, Quem é Essa Tal Qualidade?

O Programa Brasileiro de Qualidade e Produtividade – PBQP, instituído em 1990, veio com a proposta de desenvolver um modelo de gestão, focado em resultados, promover uma transformação gerencial nas organizações públicas brasileiras, e, simultaneamente, permitir avaliações comparativas de desempenho entre elas e com as empresas do setor privado do País e organizações estrangeiras.

À época, engajei-me no movimento da Qualidade do Banco Central do Brasil por fazer parte do seu quadro de colaboradores concursados e desenvolver atividades compatíveis com as diretrizes estabelecidas no Programa recém-criado. Vislumbrei na Qualidade a possibilidade de que doravante a administração pública brasileira poderia começar a reunir um acervo de ações transformadoras, levando-a, gradativamente, à formação de uma cultura pautada nos princípios constitucionais (Artigo 37, Constituição da República Federativa do Brasil (CF), 1988), onde se diz que "a administração pública direta e indireta de qualquer dos Poderes da União, dos Estados, do Distrito Federal e dos Municípios obedecerá aos princípios de legalidade, impessoalidade, moralidade, publicidade e eficiência". Uma boa maneira de viabilizar o cumprimento das obrigações do Estado, por meio de desempenhos institucionais satisfatórios manifestados pelo atendimento – com *excelência* – às necessidades dos cidadãos e da sociedade, se possível suprindo suas expectativas em um futuro não muito distante.

Qualidade passou a assumir de modo gradativo o significado de excelência após sucessivos enfoques estratégicos. A essência desse fantástico movimento permanece hoje no Programa Nacional de Gestão Pública e Desburocratização – GESPÚBLICA (Decreto nº 5.378, de 23/2/2005), apoiado no Ministério do Planejamento, Orçamento e Gestão – MPOG.

Há quase vinte anos atuo intensamente junto às organizações públicas para sensibilizá-las sobre a importância de adotar um modelo de gestão que lhes dê condições de internalizar com Qualidade

o que fazem, por que fazem, para quem fazem e **como fazem**, de acordo com o grau de complexidade de sua estrutura.

Afirmo que em expressivas e repetidas situações o que tenho presenciado é que esse tão relevante trabalho se equipara ao **quase** feito de Sísifo[1]. Chega-se aos resultados... **Quase**. **Quase** porque eles não são mensurados, controlados, comparados e redirecionados. Demonstra-se **pouco** interesse em saber sobre a qualidade dos serviços prestados. **Pouco** porque não se tem o hábito de fazer pesquisas de satisfação junto aos cidadãos usuários. Aliás, é muito preocupante constatar que grande parcela das organizações públicas não tem claro o compromisso de que o que fazem é para facilitar a vida e promover o bem-estar do cidadão brasileiro.

Figura de Fábio Machado

Qualidade é atributo intrínseco do ser humano, é o estado de **ser**. A filosofia da Qualidade requer que as organizações desenvolvam produtos e serviços que agreguem valor à vida das pessoas, ajudando-as a viverem melhor.

---

[1] Os deuses gregos condenaram Sísifo a rolar continuamente uma pedra até o topo de uma montanha, de onde cairia de volta devido ao seu próprio peso. Eles pensaram, com alguma razão, que não há punição mais terrível do que o trabalho inútil e sem esperança: o retrabalho.

Os Candidatos e o Cidadão – A Campanha

Promessas Políticas
Depois de uma calorosa recepção feita pelos moradores de uma pequena cidade, o político subiu no palanque e mandou um discurso inflamado:
– Eu prometo casas, prometo emprego, prometo ruas pavimentadas, prometo uma ponte...
Nisso, um de seus assessores cochichou no seu ouvido:
– Mas nessa cidade não tem rio!
E ele continuou o discurso, sem se abalar:
– Eu sei que aqui não tem rio, mas, antes de fazer a ponte, eu faço o rio também!
Anônimo

Culturalmente o cidadão brasileiro acompanha com relativo interesse todo o período eleitoral, na mídia impressa e eletrônica, as falas dos candidatos a prefeitos, vice-prefeitos e vereadores de prefeituras brasileiras. Nesses momentos ouve suas promessas, os compromissos que firmam previamente com a sociedade, e observa suas andanças pelos locais menos favorecidos, que incluem visitas a feiras ao ar livre, a associações e sindicatos, a escolas, a restaurantes populares, a emergências de hospitais depauperados, sob os berros e apelos de uma população sofrida, desesperançada, jogada pelos corredores das unidades de saúde, mas que pratica – fazer o quê? – *o ruim com eles, pior sem eles.* E que acaba votando neles.

Muito tempo se perde ouvindo ao vaivém de farpas trocadas entre os candidatos. Vê-se e se escuta de tudo, essa é que é a verdade. Exceto a apresentação de um programa concreto de governo do candidato à prefeitura municipal, colocado às claras para a população, com propostas sendo tratadas de modo assertivo, com a seriedade que o momento exige. O cerne desses pronunciamentos, infelizmente, se atém a promessas, promessas, promessas, acompanhadas de ataques diretos ou subliminares aos partidos adversários.

Ultimamente essa postura dos candidatos vem gerando descrédito e até certa irritação nos eleitores que não mais suportam ouvir os mesmos e eternos compromissos com os cidadãos. Os políticos têm sido popularmente caracterizados como fantasmas porque só **aparecem** na ocasião das campanhas, prometendo mundos e fundos. Concluída essa fase, desaparecem como fumaça no ar e darão o ar de sua graça quando novamente precisarem do precioso voto.

E ao que se assiste quase que sempre após a posse do novo prefeito? Seu enorme susto que bem ilustra o cenário de descontinuidade da gestão que grassa em nosso país! *"Não imaginava que o quadro estivesse tão caótico! A situação é, está ou será ingovernável se não houver cortes, mudanças profundas!"* Povo perplexo. De novo? Cortar o quê? Por que não nos falou antes? Frases que nós, brasileiros, estamos cansados de ouvir. É jargão. E nós, tristes de nós mesmos – não podemos nos esquecer de que os elegemos sem avaliarmos concretamente suas propostas de gestão e seus antecedentes como gestor público – seguimos nossas vidas à mercê de uma saúde precária, da falta de escolas e de professores, de um ensino desestruturado e desarticulado, de uma infraestrututra péssima propiciada por um saneamento rudimentar, em que os dejetos são despejados sem cuidado algum no meio ambiente, mostrando um cenário de esgotos e lixões a céu aberto, que contaminam o solo, rios, mananciais e praias do país inteiro, sem contar nos danos diretos que esse tipo de prática causa à saúde da população.

No Brasil, o vice-prefeito é o sucessor do prefeito em casos de vaga do cargo e seu substituto em casos de licença ou impedimento. É o segundo em exercício no cargo do executivo municipal, eleito por meio de voto direto de quatro em quatro anos, juntamente com o prefeito, de modo vinculado (CF Artigo 29, I e II). É, portanto, um agente público, com algumas atribuições associadas ao assessoramento administrativo e representação em solenidades.

Um candidato a vereador deve ser alfabetizado, ter nacionalidade brasileira, gozar pleno exercício dos direitos políticos, estar listado eleitoralmente, ter domicílio eleitoral na circunscrição há pelo menos um ano, ser filiado a um partido político há mais de um ano e ter no mínimo 18 anos, completados no dia da eleição. Ele é eleito segundo o sistema de representação partidária.

Câmara Municipal de Três Lagoas/MS

Os vereadores são responsáveis pela elaboração das leis municipais, como, por exemplo, a Lei Orgânica, instrumento maior do município, promulgada pela Câmara Municipal, e respeitados os princípios das Constituições Federal e Estadual. A Lei Orgânica regula a vida da sociedade local, contempla a soma de esforços para o bem-estar social e o desenvolvimento de uma comunidade. É função também dos vereadores atuar como um elo entre a população e o prefeito do município, bem como exercer a fiscalização dos trabalhos do executivo.

Atualmente, os municípios brasileiros com até 15 mil habitantes têm direito a eleger 9 vereadores, e nos municípios com mais de 8 milhões essa quantidade sobe para 55 vereadores (Emenda Constitucional nº 58, de 23/9/2009. O Tribunal Superior Eleitoral (TSE) manteve o Art. 3º da Resolução 21.702/2004, que definiu as regras para compor o Legislativo, de acordo com o número de habitantes, nas últimas eleições municipais (2008), permitindo apenas uma alteração: a de se utilizar os dados da última contagem populacional feita pelo Instituto Brasileiro de Geografia e Estatística (IBGE), o que poderá, consequentemente, acrescer o quadro de vereadores em determinados municípios, como o de Sinop – MT, que de 10 passou a ter 11 vereadores.

Prefeito, vice-prefeito e vereadores, três importantes agentes públicos, têm de estar cientes de que o governo do município visa, primordialmente, a prestação de serviços à comunidade. O bem público, a qualidade de vida e o atendimento às necessidades econômicas e sociais da população são a razão principal da existência da Prefeitura e da Câmara de Vereadores.

Quatro Anos de Mandato pela Frente

O Pensador, de Auguste Rodin

"Quando uma obra parece avançada para a sua época, é simplesmente porque a sua época está atrasada em relação à obra".
Jean Cocteau

Para quem conseguiu se reeleger a vida continua por mais quatro anos. É seguir em frente. Mas naqueles que se elegem pela primeira vez o lamento é geral e imediatamente expresso na já conhecida Marcha a Brasília em Defesa dos Municípios, iniciada em 1998, em que participam prefeitos, secretários municipais, vereadores, senadores, governadores, parlamentares estaduais e federais, ministros de estado e também com a presença do Presidente da República. Neste encontro é anunciada uma série de medidas, entre elas, por exemplo, novidades nas regras de repasse de recursos, apresentação de linhas de financiamento etc.

Numa atitude de extrema proatividade o Governo Federal, em fevereiro de 2009, antecipou-se a esse já tradicional evento e fez um convite para um Encontro Nacional dos Prefeitos e Prefeitas, realizado em Brasília e registrado como um fato novo, histórico. O convite esvaziou a expressão *marcha*, dando espaço a temas fundamentais com base em dados do IBGE e relacionados à mortalidade infantil, analfabetismo, sub-registro civil (crianças não registradas em cartórios) e agricultura familiar. Uma forma de dar conhecimento das políticas públicas do Governo Federal.

Mas o já famoso sentimento paternalista *"Não se pode punir os bons por causa dos maus"* foi acenado de antemão a todos eles. Um aceno que faz sentido para milhares de prefeitos que receberam como herança do seu antecessor uma infinidade de dívidas, principalmente com o INSS (Instituto Nacional de Seguridade Social). Em 2009 o prazo de repactuação desses débitos se estendeu para até 20 anos! Uma excelente oportunidade de consolidação de negócios para o Banco do Brasil, a Caixa Econômica Federal, o Banco Nacional de Desenvolvimento Econômico e Social (BNDES), com assessoramento do Serviço Brasileiro de Apoio às Micro e Pequenas Empresas (SEBRAE) junto aos Municípios.

Entretanto, essa situação pode até fazer sentido para os novos prefeitos ou prefeitas, porém não mais sensibiliza a grande maioria do povo brasileiro, cansado dessa renegociação de dívidas, com mais da metade das prefeituras do país (3.500), em razão principalmente da pergunta que não mais se cala: *"Como está a atuação de órgãos de controle das contas municipais?"*.

O art. 71 da CF de 1988 é claro quando prevê que o controle externo está a cargo do Congresso Nacional, com o auxílio do Tribunal de Contas da União (TCU). A Constituição Federal dispõe que a atividade dos Tribunais de Contas é auxiliar o Poder Legislativo, e, por conta disso, estarão atuando em regime de cooperação.

O art. 75 é mais enfático quando diz que

"... As normas estabelecidas nesta seção aplicam-se, no que couber, à organização, composição e fiscalização dos Tribunais de Contas dos Estados e do Distrito Federal, bem como dos Tribunais e Conselhos de Contas dos Municípios."

A importância do exercício da fiscalização na aplicação dos recursos públicos junto aos entes municipais é o que propicia a verificação de irregularidades, protegendo os prefeitos de possíveis e desagradáveis ações por improbidade administrativa, em um futuro não muito distante. Muitos são considerados não probos por desconhecerem a legislação em todas as suas particularidades e, no caso específico da Lei nº 8.666/93 e da Lei do Pregão nº 10.520, de 17/7/2002, acabam por contratar serviços ou adquirir bens de modo inadequado, aparentando possível malversação do dinheiro público. A análise crítica da legitimidade pelo órgão fiscalizador verifica se as contas públicas estão, de fato, atendendo às demandas da população num contexto financeiro e orçamentário **saudável**.

É do conhecimento de todos que a atividade pública é financiada com recursos públicos, oriundos de arrecadações (taxas, impostos) do município, de financiamentos, de diversos fundos (bolsa-família, merenda escolar, livros didáticos) e de outras fontes, direcionados para a prestação de serviços públicos e para a produção do bem comum.

Figurinha Repetida
Não Completa Álbum

> *"Nepotismo é prática que viola as garantias constitucionais de impessoalidade administrativa, na medida em que estabelece privilégios em função de relações de parentesco e desconsidera a capacidade técnica para o exercício do cargo público."*
>
> **Conselho Nacional de Justiça – CNJ**

Eleito e nomeado, o prefeito assume a prefeitura de seu município, de direito e de fato, iniciando em seguida a tão proclamada negociação partidária para a escolha de seu secretariado. É bom deixar claro que não é absolutamente prejudicial a indicação de profissionais de comprovada competência técnica para ocupar funções de confiança. É benéfica essa prática porque ela pode funcionar como um elemento facilitador que poderá dar, inclusive, maior dinamicidade ao modelo de gestão. Subentende-se que o técnico indicado preenche os requisitos para assumir temporariamente uma importante função pública em prol do cidadão.

Transições são sadias e o prefeito, em tese, não deveria de modo algum ficar surpreso com o que imagina que virá pela frente. Presume-se que sua campanha foi motivada pela contestação da gestão do seu antecessor, o que faz com que seus eleitores imaginem que está preparado para a transição, visualizando uma excelente oportunidade de transformar o cenário-padrão em situações de crescimento, aprendizado e atitudes inovadoras.

Mas o que acontece é que, de repente, toda a história da prefeitura anterior à sua nomeação, em princípio, é colocada de lado. A descontinuidade caracteriza o estilo de gestão das prefeituras brasileiras, que têm uma dificuldade intrínseca de assumir caráter de perenização.

A gestão pública no Brasil tem ainda preponderante conotação pessoal. Prova disso está no exemplo demonstrado em uma interessante dinâmica à qual assisti, liderada por dois profissionais de comportamento em um evento de gestão de pessoas, promovido por uma grande prefeitura de nosso País.

Auditório repleto. Mais de duzentas e cinquenta pessoas. Os dois facilitadores da dinâmica conseguiram seis participantes voluntários. Concluídas as apresentações, foi informado que eles foram escolhidos para compor uma equipe de trabalho por serem pessoas amigas, da mais irrestrita confiança e a eles seriam confiados importantes trabalhos. A instrução dada a esses seis primeiros escolhidos foi a de que teriam de escolher na plateia outras seis pessoas, que seriam seus auxiliares diretos. E assim foi feito.

A cada escolha, o voluntário repetia a seguinte frase:

"Eu escolho você, amigo, para que me auxilie na implantação de um importante trabalho porque o considero de minha irrestrita confiança. Posso contar com você?"

O amigo aceitava e, em seguida, fazia a mesma trajetória: escolher outro participante no auditório, e convidá-lo nas mesmas bases:

"Eu escolho você, amigo, para me auxiliar na implantação de um importante trabalho porque o considero de minha irrestrita confiança. Aceita?".

Cabide de empregos

Novamente o convite era aceito e assim a equipe foi finalmente constituída. A partir desse momento, ficou evidente para todos os presentes naquele imenso auditório que cada escolhido desconhecia completamente o outro parceiro da equipe, semelhante ao que ocorre nas atuais indicações para ocupação de funções e cargos públicos.

Percebeu-se, claramente, que a confiança é uma exigência comum, mas de um amigo ou conhecido do outro. Essa situação ilustra muito bem como, em geral, as lideranças no serviço público são formadas.

Uma função é aceita sem o necessário conhecimento da realidade a ser enfrentada e a equipe, por causa disso, mostra-se completamente desarticulada, pois seus integrantes não se conhecem e, em consequência, se sentem incapazes de atuar em sintonia.

Ficam claras situações como:

➢ O amigo aceita o convite mesmo desconhecendo o trabalho e a área a ser por ele liderada, as necessidades dos cidadãos sobre os produtos e serviços a serem oferecidos e relacionados à função para a qual será designado.

➢ O nepotismo partidário ou por vínculo familiar continua sendo praticado a todo vapor.

É vedada ao prefeito, vice-prefeito, secretários municipais, presidente da Câmara Legislativa a nomeação em comissão ou contratação sem concurso público até o 3º grau de parentesco.

Cargo público não é presente!

Por essas e outras, o prefeito, na escolha do seu secretariado, tem de estar ciente da importância de observar com rigor a seguinte premissa: *"profissional competente para o lugar certo"*.

A gestão municipal deve seguir um caminho – método – para que não haja a menor possibilidade de ocorrerem desvios que venham ferir os princípios da isonomia, impessoalidade, eficiência e moralidade (CF, 1988).

Sem Método, a Gestão dos Serviços Públicos Municipais Não Cumpre sua Finalidade

> *"Considera-se hoje, como indiscutível, a influência das ações de saneamento sobre a saúde da população."*
>
> **Szachna Eliasz Cynamon**

Os vestígios que apontam a precariedade de gestão em um município são fáceis de ser reconhecidos. A *olho nu*. Basta somente verificar o estado em que se encontram o saneamento básico, a saúde, a educação, o meio ambiente. O cenário fala por si mesmo.

*"O córrego surge súbito, no início da praça.
Que surge a praça à direita e, beirando a rua, o córrego.
Da margem do córrego, olhando acima,
a gente vê ao longe a boca do tubo de onde ele surge.
No primeiro plano a gente vê outro tubo,
um triste afluente de esgoto".*
Autor Desconhecido

Saneamento Básico e Saúde

A precariedade do saneamento básico no Brasil chegou a níveis insuportáveis. A falta de água potável e de esgotamento sanitário é responsável, hoje, por 80% das doenças e 65% das internações hospitalares. Além disso, 90% dos esgotos domésticos e industriais são despejados sem qualquer tratamento nos mananciais de água, poluindo-os. Este é um problema eminentemente municipal, cujos efeitos são muitas vezes regionais, haja vista que a saúde de um rio se reflete em toda a qualidade da bacia hidrográfica do qual faz parte.

Pesquisa realizada em 2007 (IBGE) apontou que o serviço de coleta de esgoto vem se expandindo no Brasil desde 1997, mas 26,4% dos domicílios ainda não têm acesso a rede coletora ou fossa séptica. Isso significa que um em cada quatro domicílios utiliza formas irregulares de esgoto ou deixa os dejetos a céu aberto.

O maior desafio dessa área diz respeito aos 34,5 milhões de brasileiros sem acesso à coleta de esgoto nas áreas urbanas (Instituto de Pesquisa Econômica e Aplicada – IPEA, 2008).

Os municípios das Regiões Norte, Centro-Oeste e Nordeste têm o pior cenário de coleta e tratamento de esgoto. Significa que mais de 50% das residências não possuem qualquer tipo de saneamento regular (IBGE, Censo 2007).

Resíduos sólidos trazidos pelas chuvas – Rio Tietê-SP

Um inconsistente saneamento básico funciona como um potente vetor de doenças, causado pelos despejos de detritos orgânicos, acúmulo de lixos e de materiais sólidos, que acabam entupindo a rede pluvial. A má disposição do lixo também pode causar problemas de saúde, pois o acúmulo de resíduos sólidos atrai ratos, baratas e moscas, que são vetores de bactérias.

Saneamento básico precário é, portanto, um fator que acaba comprometendo a saúde dos moradores locais. Se ele permanece ruim, o compromisso assumido pelo prefeito eleito está completamente dissociado do que preconiza o marco regulatório do saneamento (Lei nº 11.445, de 5/2/2007), que prevê a universalização do acesso aos serviços de abastecimento de água, rede de esgoto e drenagem de águas pluviais, além da coleta de resíduos sólidos para garantir que sejam feitos de forma adequada à saúde pública e à proteção do meio ambiente.

São inúmeros os mecanismos na lei que privilegiam a utilização de parcerias institucionais, principalmente entre as organizações públicas (*"parcerias públicas-públicas"*). Esse é um tipo de parceria que incentiva a gestão associada e a formação de consórcios públicos entre estados e municípios para a regulação, fiscalização e prestação dos serviços de saneamento básico, assumindo um aspecto de complementaridade à já criada Lei Federal de Consórcio nº 11.107/05.

Aproximadamente 1.700 municípios brasileiros, cerca de um terço do total existente, gerenciam diretamente seus serviços de saneamento, estruturados sob a forma de autarquia, empresa ou departamento.

Parte substancial desse contingente – municípios de pequeno e médio portes – ainda não percebeu a importância de organizá-los adequadamente, sendo comum que esses serviços estejam colocados em plano secundário ("Criação e Organização de Autarquias Municipais de Água e Esgoto", Manual, Funasa).

As organizações municipais de abastecimento de água, desde a edição do Decreto nº 5.440, de 5/6/2005, elaborado pelos Ministérios da Justiça, Saúde, Cidades e Meio Ambiente, têm de fazer constar obrigatoriamente nas contas de água informações sobre a qualidade da água distribuída e os índices de potabilidade, resultados do resumo mensal das análises de qualidade de água (turbidez, cor e os níveis de cloro, flúor e coliformes encontrados), bem como os parâmetros de qualidade estipulados pelo Ministério da Saúde, em cumprimento à Portaria nº 518, de 25/3/2004.

É sempre bom lembrar aos senhores prefeitos e às suas equipes que o cuidado com a divulgação dos procedimentos sobre os índices de potabilidade da água se tornou obrigatório e inevitável por conta da criação de órgãos de defesa do consumidor (Instituto de Defesa do Consumidor – IDEC, Coordenadoria de Proteção ao Consumidor – PROCON), que têm a missão de registrar as reclamações dos cidadãos usuários, orientando-os sobre seus direitos, com base no cumprimento do Código de Defesa do Consumidor (Lei nº 8.078, de 11 de setembro de 1990), que considera, no Capítulo II, Art. 4º, Inciso 2c, a "... *presença do Estado no mercado de consumo*".

Verifica-se na figura a seguir (PNUD, Maria Lucia Simões) que apenas o cumprimento do Decreto nº 5.440/2005 propiciaria um *upgrade* à gestão municipal, pois a partir do momento em que ela disponibiliza essas informações para o cidadão usuário dos seus serviços, dá-lhe um sentimento de segurança, além de ratificar a transparência com que o trabalho é feito, por demonstrar que o índice de potabilidade da água está controlado por exames químicos laboratoriais, condizentes com os parâmetros de qualidade estipulados na já citada Portaria 518 do Ministério da Saúde.

O *"Manual Prático de Análise de Água"*, editado pela Fundação Nacional de Saúde (www.funasa.gov.br), é uma importante publicação, de formato e linguagem simples, que tem o objetivo de auxiliar pessoas e técnicos que trabalham nos laboratórios de controle da qualidade da água de estações de tratamento de pequeno e médio portes, no desenvolvimento de suas atividades diárias.

Caso o município não tenha unidade laboratorial para empreender trabalhos dessa natureza, qualquer cidadão ou entidade representativa da comunidade do município pode e deve exercer o controle sobre a qualidade da água que utiliza, colhendo amostras e as enviando a universidades estaduais e federais, que têm laboratórios aptos a analisarem a água e até mesmo as condições do solo, e verificar se há algum tipo de contaminação.

Companhia Municipal Água Limpa **MODELO**	
Fatura de Serviços – Água e/ou Esgoto CNPJ 00.000.000/0000-00	
Usuário: .... Endereço: .... Fatura nº:	
Informações sobre o Imóvel	Mês/Ano
Consumo do Mês	Histórico do Consumo Mês/Ano Consumo ....
Hidrômetro	
Emitida em ..../ ...../.....	Vencimento Total a Pagar
Pagamento após o Vencimento leia o verso	

Parâmetros	Padrão de Qualidade da Água (*)	Média
Turbidez	0.0 a 5.0 UT	....
Cor	0 a 15 UH	....
pH	6.0 a 9.5	....
Cloro Livre Residual	0,20 a 5,00 mg/L	....
Fluoretos	0,6 a 0,9 mg/L	....
Coliformes Totais	Ausente em 100 ml	Ausente
Coliformes Termotolerantes	Ausente em 100 ml	Ausente

(*) Em atendimento ao Decreto Federal nº 5.440, de 04/05/2005.

Código de Arrecadação	Código do Imóvel	Vencimento	Total a pagar
000000000000000000	00000000000000	....../......./.....	R$ ......,00

Modelo de conta de água – Decreto nº 5.440/2005

A figura abaixo facilita a visualização do processo de transmissão de doenças por meio da água contaminada. Percebe-se claramente que o esgoto não é coletado nem tratado e que não lhe é dada destinação adequada, prejudicando o fornecimento de água tratada à população do município, por apresentar, nesse cenário, a possibilidade de existência de micro-organismos, vetores que transmitem de forma ativa ou passiva os agentes infecciosos, grandes causadores de doenças desagradáveis e nocivas à saúde humana.

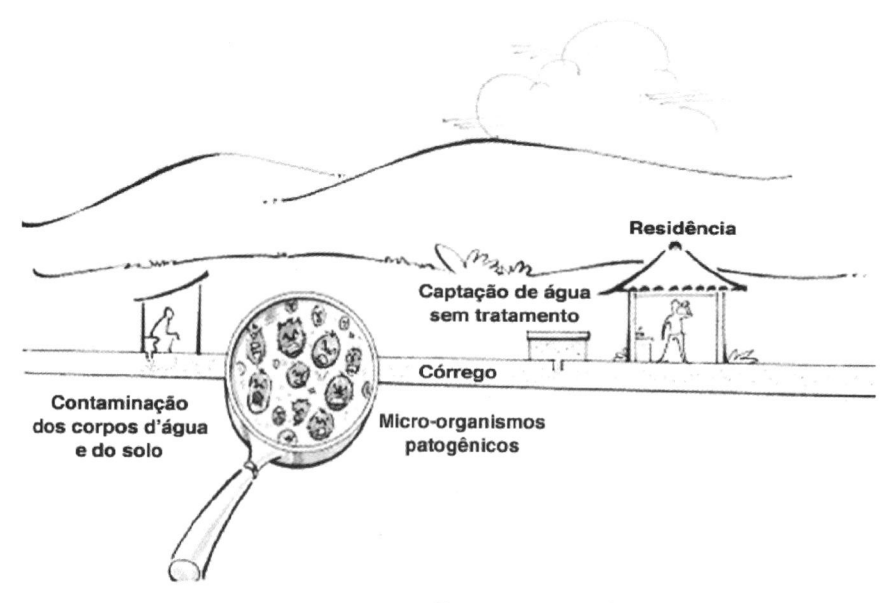

Fonte: www.esgotoevida.org.br/saudesaneamento.php.

A próxima ilustração demonstra um sistema de abastecimento de água adequado, onde, em princípio, não se registra a presença de micro-organismos na água do rio ou córrego. No percurso, a água bruta recebe o tratamento recomendado, cumprindo os requisitos mínimos de potabilidade, do ponto de vista químico e biológico, demonstrando que ela deve conter certa quantidade de oxigênio, pequena quantidade de sais minerais, como cálcio e magnésio; estar isenta de sal tóxico e descontaminada de vermes e bactérias, até atingir a condição de água tratada para consumo humano.

Processo de tratamento da água

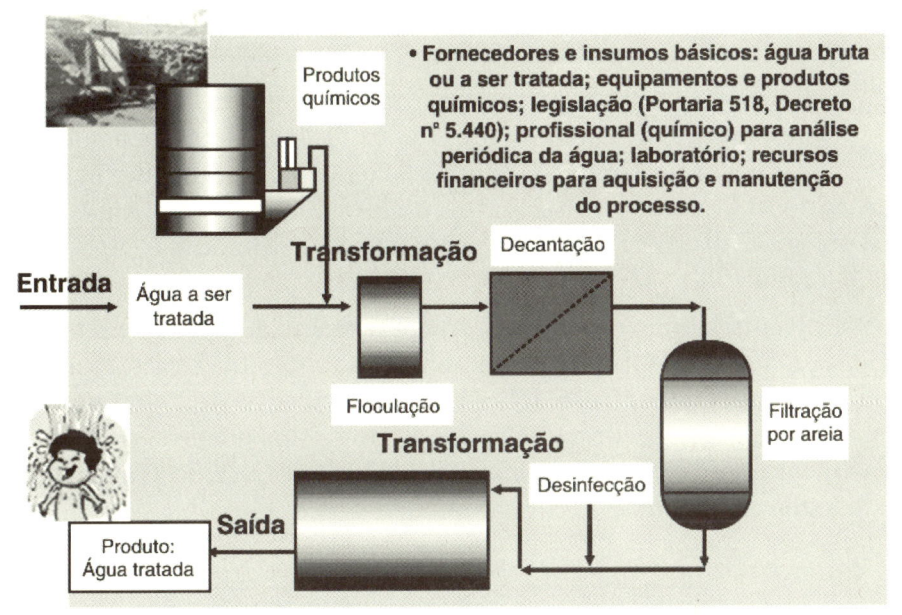

Fonte: PNUD – Maria Lucia Simões

O setor de saneamento no Brasil tem demonstrado resultados alarmantes que comprometem a qualidade de vida e a saúde da população, principalmente aquela mais pobre e que reside na periferia das grandes cidades ou nos pequenos e médios municípios do interior do país.

O mais grave é que, mesmo sabendo da importância para as áreas de saúde e de meio ambiente, o saneamento básico nos municípios brasileiros está longe de ser apropriado. Para se ter uma ideia não são disponibilizadas, a mais da metade da população brasileira, redes para coleta de esgotos, resultando em 80% o percentual de resíduos gerados e que são lançados diretamente nos rios, sem qualquer tipo de tratamento.

Baixos investimentos em saneamento pelos municípios, essa é que é a triste realidade. A implantação de uma estrutura de saneamento em um município não deve estar conectada apenas à execução de obras extensas que distanciam o tratamento do esgoto da sua fonte. Existe hoje uma grande variedade de alternativas técnicas de tratamento de saneamento próximas à fonte de esgoto expressas em sistemas simples, de eficiência comprovada, com custos não muito significativos.

O marco legal de saneamento (Lei nº 11.445/07) prevê a adoção, por parte dos municípios, de inúmeras e novas formas alternativas de saneamento. Os municípios podem fomentar e implantar tecnologias alternativas locais para sanear, recuperar e preservar seus mananciais.

Enchentes, lixo, contaminação dos mananciais, água sem tratamento e doenças apresentam uma relação estreita. Dengue, malária, hepatite, leptospirose, febre tifóide, gastrenterite, febre amarela, toxoplasmose, leishmaniose são algumas das doenças relacionadas diretamente à má qualidade da água e à falta do tratamento adequado do esgoto.

Montagem: Maria Lucia Simões

Saneamento precário: baixa qualidade de vida do cidadão brasileiro

Esse cenário desagradável vulnerabiliza a saúde do cidadão brasileiro, sem exceção, submetendo-o à saga de mosquitos perversos responsáveis por levar milhões de brasileiros, todos os anos, a internações em hospitais, chegando a situações de óbitos pela total falta de condições de um atendimento humanizado e adequado.

Outro grande e grave problema de saúde pública no Brasil decorre da alta incidência de Mal de Hansen proporcional à quantidade de habitantes. O município do Amapá do Maranhão – MA – com 6.168 habitantes (abril, 2007) e 952 km², foi criado em 1997, e detém uma das maiores taxas de casos de hanseníase em menores de 15 anos de idade, segundo pesquisa realizada pelo Ministério da Saúde em 2006. Esse destaque decorre da alta incidência de Mal de Hansen proporcional à quantidade de habitantes.

As manchas na pele surgem lentamente e são facilmente confundidas com micoses. Mas, aos poucos, aqueles pontinhos brancos ou avermelhados vão ganhando maiores proporções. Os cremes não solucionam o problema e só então o médico, que deveria ser a opção para o paciente, é procurado. Após alguns exames, surge o diagnóstico de hanseníase.

Conforme estabelecido pela Organização Mundial da Saúde (OMS), quando se tem a prevalência de mais de um caso por grupo de 10 mil habitantes, a hanseníase é considerada um problema de saúde pública. No Brasil, há 1,71 casos.

O Maranhão encontra-se no primeiro grupo, juntamente com Pará, Tocantins e Piauí, caracterizando-se uma área hiperendêmica na doença. O índice de detecção da hanseníase no Estado tem chegado a dez vezes mais do que o recomendado pela Organização Mundial da Saúde (OMS). Com o objetivo de monitorar a doença no Maranhão, pesquisadores da Universidade Federal do Maranhão (UFMA) tiveram um projeto aprovado pelo Conselho Nacional de Desenvolvimento Científico e Tecnológico (CNPq) e irão criar, em quatro anos, o Centro de Referência em Hanseníase do Maranhão (Portal da Amazônia, 2009).

Os cidadãos devem prestar bastante atenção às condições do saneamento e da saúde do seu município, pois elas refletem como está a qualidade de vida da comunidade que nele vive.

É de suma importância verificar se os gestores municipais estão investindo recursos, inclusive em programas de melhorias sanitárias domiciliares, e de melhoria habitacional para controle da Doença de Chagas, outro grande mal que assombra a saúde dos brasileiros de baixa renda.

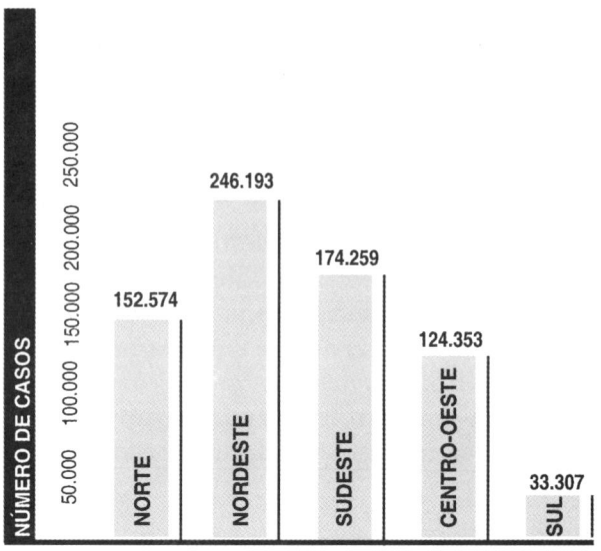

Número de pessoas que contraíram hanseníase (1990-2007)

- NORTE: 152.574
- NORDESTE: 246.193
- SUDESTE: 174.259
- CENTRO-OESTE: 124.353
- SUL: 33.307

Fonte: Ministério da Saúde

Nº de casos e coeficiente de infectados por 10 mil habitantes por região do Brasil (1996-2006)

	1996	Coef. Detec.	2006	Coef. Detec.
NORTE	1.102	2,69	999	1,80
NORDESTE	1.462	0,98	1.618	1,00
SUDESTE	533	0,30	526	0,20
SUL	48	0,07	32	0,00
CENTRO	572	1,82	460	1,20
BRASIL	3.717	0,80	3.625	0,70

Fonte: Ministério da Saúde

A hanseníase em menores de 15 anos

Relativamente à saúde bucal, cerca de 40% dos municípios brasileiros não cumprem a Lei nº 6.050, de 24/5/1974, regulamentada pelo Decreto nº 76.872 de 22/12/75, que os obriga a adicionar flúor na água oferecida à população para prevenir a cárie dentária, quando existir estação de tratamento de água (ETA).

Obrigatória desde 1974, a adição de flúor na água é capaz de reduzir em 50% a incidência do problema, principalmente em crianças, sendo considerada uma das medidas mais amplas de promoção de saúde na área de saúde bucal, pois associa ao benefício da água tratada o seu impacto epidemiológico na redução de cáries.

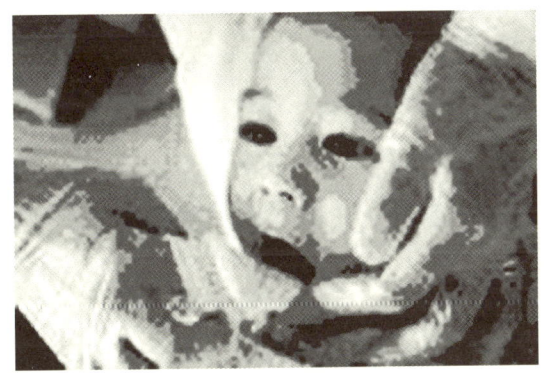

Saúde bucal

Ouve-se e muito que a saúde no Brasil está na Unidade de Terapia Intensiva (UTI). A mídia mostra diariamente como o atendimento vem sendo feito em prontos-socorros de hospitais públicos e em unidades de saúde nos municípios brasileiros: crítico, à beira da falência, pela falta, principalmente, de leitos, de profissionais tecnicamente qualificados e remunerados à altura, como merecem, de instalações e equipamentos decentes, de materiais cirúrgicos e de remédios básicos para os pacientes, destacando-se os de baixa renda.

O Brasil possui o maior sistema público de saúde do mundo em termos de cobertura populacional e de risco. A criação do Sistema Único de Saúde (SUS) em 1988 (CF) tem sido vista como uma bem sucedida reforma da área social em razão de seu caráter universal e igualitário. A inclusão de vastas camadas da população anteriormente excluídas do acesso aos serviços e ações de saúde, não apenas básicos, mas também de média e alta complexidade, e o sucesso de alguns programas, como o de combate à AIDS, são exemplos concretos de avanços. Neste contexto o SUS surge como estratégia descentralizada para a atenção e o cuidado à saúde, integrado à seguridade social e baseado nos princípios da universalidade, equidade, integralidade e participação da sociedade – o que abre a prerrogativa de que o cidadão e a sociedade devem exercer o controle social de forma efetiva nas ações de saúde de seu município.

Município sem saneamento básico estruturado certamente apresentará sempre um quadro populacional debilitado e doente, uma saúde precária. Por isso, saneamento e saúde vinculam-se inexoravelmente, fato do conhecimento de todos. A reversão desse triste cenário também não é um sonho.

É plenamente possível, desde que o trabalho seja desenvolvido com competência e método.

A Educação nos Municípios

"Educai as crianças, para que não seja necessário punir os adultos."
Pitágoras

Quebrar o paradigma de que o Brasil é um país de contrastes, daí a ocorrência de acontecimentos adversos, desafiando a sua governabilidade, requer um trabalho de abstração que para muitos brasileiros pode parecer impossível. Existem sim diferenças, que são minimizadas pela fala de um único idioma, o português, e pelo incremento da tecnologia e da informação (Internet, celulares, mídia eletrônica, satélites dando em tempo real até o percentual de desmatamento e em quais municípios ele mais ocorre), promovendo uma produtiva aproximação.

O mundo globalizou-se e o Brasil não? Felizmente a facilidade de comunicação propicia a compreensão das diversidades e até mesmo dos problemas, que muitas vezes podem até ser os mesmos, havendo variações conjunturais sobre temas comuns. De norte a sul, leste a oeste, há diferenças de hábitos e costumes, riquezas incomensuráveis contrapondo-se a cenários de extrema pobreza. Panorama que pode ser melhorado gradativamente, se colocada em prática a gestão comparativa, consorciada e participativa.

Não cabe agora fazer uma abordagem sociopolítica da educação no Brasil, mas manter a coerência com o conteúdo proposto: sinalizar para os prefeitos e suas equipes pontos fundamentais relacionados ao processo educacional de seus municípios e como este processo flui em se tratando do atendimento e até relacionamento com seus clientes: alunos e professores.

Quantas escolas municipais são equipadas com bibliotecas e laboratórios de ciências? Estarão, as escolas, em bom estado de conservação? A merenda escolar tem feito parte regularmente do cardápio diário das escolas? Qual a razão de tanta precariedade nas instalações, principalmente das escolas da área rural?

Escola na zona rural de Janduí-RN

Esses são fatores críticos que prejudicam a qualidade do ensino e do aprendizado. Há escolas situadas na zona rural de municípios que não têm luz elétrica, banheiros com privadas, água tratada. Um verdadeiro dilema rural esse que nossos alunos, professores e pais vivem.

Segundo o censo escolar de 2006, são quase 91,5 mil escolas de ensino fundamental e médio, municipais, estaduais e, em menor proporção, federais, espalhadas fora dos centros urbanos, concentrando mais de 13% dos alunos, o que equivale a 7,4 milhões de crianças e jovens, que estudam em condições bastante precárias.

A infraestrutura educacional brasileira demonstra um cenário que deixa a desejar e a qualidade de ensino é prejudicada por ocorrer em ambientes abafados e improvisados, sem saneamento básico, levando muitos professores a tomarem a iniciativa de transferir seus alunos para suas próprias casas na intenção de minimizar esses desconfortos.

A situação do transporte dos alunos para as escolas municipais não é menos preocupante. A prefeitura nem sempre disponibiliza transporte adequado aos alunos da área rural para as escolas localizadas na cidade.

Os alunos residentes nessas áreas para chegarem às escolas municipais localizadas nos centros urbanos têm sua frequência regular às aulas prejudicada devido às estradas intransitáveis, ou pontes que não mais suportam o peso dos transportes por suas condições de precariedade.

Em vez de ônibus, como determina a legislação, caminhões vêm sendo utilizados para transportar estudantes. Identificados com a placa "escolar" na carroceria, os veículos são equipados com bancos de madeira e cobertos com lonas, expondo ao risco de acidentes centenas de crianças e jovens, principalmente ao circular em estradas esburacadas e em velhas pontes de madeira.

De tão acostumados com esse tipo de transporte, os estudantes se acomodam sem queixas e aproveitam para colocar a conversa em dia, durante o percurso de suas casas até a escola situada na sede do município.

Transporte escolar irregular

A situação não encontra justificativa no campo financeiro, pois os municípios recebem verba, em repasse mensal do Fundo de Manutenção e Desenvolvimento da Educação Básica e de Valorização dos Profissionais da Educação (Fundeb), que substituiu o Fundef em 2007, e estará em vigor até 2020.

Esse fundo possibilita uma significativa distribuição de recursos para custear despesas relacionadas à aquisição, manutenção e funcionamento das instalações e equipamentos necessários ao ensino, uso e manutenção de bens e serviços, remuneração e aperfeiçoamento dos profissionais da educação, aquisição de material didático, *transporte escolar*, entre outros.

Vários pais, vendo que as condições das escolas rurais estão ruins, precaríssimas, matriculam seus filhos em escolas localizadas nos centros urbanos. Como trabalham e não podem ficar com eles, deixam-nos, com tristeza e justa preocupação, à deriva durante o período em que não estão em sala de aula.

Essa realidade tem contribuído para aumentar a prostituição juvenil e o uso de drogas (Reunião de Secretários Municipais de Educação no MEC, 2009).

Fonte: Divulgação – UnB – 2009

As escolas municipais, em geral, não têm bibliotecas, quadras esportivas e nem ambiente próprio para que os alunos se alimentem com a merenda escolar. Isso quando tem merenda, pois as denúncias vindas das comunidades dos municípios sobre desvios de verbas para a aquisição de alimentos são feitas diariamente.

O Programa Nacional de Alimentação Escolar (PNAE) tem como objetivo dar assistência financeira suplementar com vistas a garantir no mínimo uma refeição diária aos alunos beneficiários. A criação desse Programa ocorreu em 1983, porém sua origem remonta a 1954, com a Campanha da Merenda Escolar, no governo de Getúlio Vargas. Os recursos do PNAE são geridos pelo Fundo Nacional de Desenvolvimento da Educação (FNDE), sendo responsável pela alimentação dos alunos do sistema público de ensino estadual e municipal, com base no censo escolar realizado no ano anterior ao do atendimento.

A partir de 1994 a gestão da merenda escolar foi descentralizada, e está sob a responsabilidade de estados e municípios. Esse processo é fiscalizado diretamente pela sociedade, por meio dos Conselhos de Alimentação Escolar (CAEs), pelo FNDE, pelo Tribunal de Contas da União (TCU), pela Secretaria Federal de Controle Interno (SFCI) e pelo Ministério Público (MP).

Mesmo com todo o rigor do FNDE, que só repassa recursos ao município mediante prestação de contas aprovada, ainda assim há desvios. Aqueles municípios que não apresentam a prestação de contas referente ao ano letivo sofrem cortes das liberações, até que a situação seja normalizada. Sem merenda, a maioria dos alunos carentes deixa de frequentar a sala de aula e os que vão pedem para sair mais cedo porque não aguentam ficar com fome.

Segundo levantamento feito pelo FNDE (2008), em todo o Brasil há mais de 865 municípios e nove redes estaduais de ensino (Amazonas, Bahia, Minas Gerais, Pará, Paraíba, Rio Grande do Norte, Roraima, São Paulo e Tocantins) em situação de inadimplência. Nesse caso, o benefício é suspenso, mesmo que temporariamente, e o município deve arcar com os custos integrais da merenda escolar. É direito constitucional de todo aluno, portanto, receber alimentação escolar. Se os municípios comprovarem que mantiveram a alimentação com recursos próprios durante este período, o FNDE pode pagar as parcelas retroativamente a título de ressarcimento.

Uma novidade que facilita ainda mais a distribuição da merenda escolar aos alunos das escolas da rede pública, é que, a partir de 2009, o FNDE pode transferir recursos do PNAE diretamente para as escolas. A decisão está prevista na Medida Provisória nº 455, publicada no Diário Oficial da União do dia 29/1/2009, que também estende a alimentação e o transporte escolar aos alunos das escolas públicas do ensino médio e do médio profissionalizante. Uma exigência da nova norma é que 30% dos gêneros alimentícios para a alimentação escolar sejam obrigatoriamente produzidos pela agricultura e pelo empreendedor familiar.

De acordo com essa medida provisória, se o repasse de recursos aos municípios for suspenso por falta de prestação de contas, irregularidade na execução do programa ou inexistência de conselho de alimentação escolar, o FNDE pode transferir o dinheiro diretamente às unidades executoras das escolas, com a dispensa de licitação para a compra emergencial dos alimentos durante 180 dias (MEC, 2009).

Verifica-se que, em geral, todo recurso que uma Prefeitura necessita para executar as políticas públicas em prol da comunidade de seu município, localizada nas zonas urbana e rural, tem expressivo amparo em diversas ações do Governo Federal.

Hoje, o Ministério da Educação, também por intermédio do FNDE, executa três programas de distribuição gratuita de livros didáticos, em regime de coedição com editoras brasileiras: o Programa Nacional do Livro Didático (PNLD), cuja gênese data de 1972 com o extinto Instituto Nacional do Livro – INL; o Programa Nacional do Livro para o Ensino Médio (PNLEM); e o Programa Nacional do Livro Didático para a Alfabetização de Jovens e Adultos (PNLA). O FNDE não repassa recursos e a aquisição de livros é feita de modo centralizado.

Os livros didáticos são distribuídos pelas secretarias estaduais e municipais de Educação às escolas públicas, mas esse processo de transferência não sofre qualquer tipo de fiscalização. Há duas grandes dúvidas: se os livros chegam realmente ao seu destino e se todo e qualquer professor da rede pública de ensino tem condições de trabalhar seus conteúdos e repassá-los. Milhões de recursos públicos são investidos nessa vultosa aquisição e não se faz qualquer acompanhamento de sua distribuição e real utilização, nem mesmo uma avaliação de impacto sobre a impressão dos usuários – professores e alunos – na utilização desses livros, que poderia ser mensurada pelos níveis de repetência e de evasão.

Diante desse quadro de infelizes incertezas, onde ficam acomodados os livros didáticos recebidos anualmente para distribuição gratuita aos alunos se for levado em conta que um número expressivo de escolas está em situação tão precária, a ponto de não ter condições de funcionar normalmente? Isto porque no início do ano letivo de 2009 a mídia impressa e a eletrônica mostraram claramente ao povo brasileiro a distribuição gratuita de livros didáticos, financiados com recursos do FNDE, aos estabelecimentos da rede pública de ensino dos estados, municípios, entidades comunitárias e filantrópicas, bem como de instituições parceiras do Programa Brasil Alfabetizado. Muitas vezes caixas de livros de anos anteriores estavam em depósitos e salas vazias das dependências das prefeituras e sequer chegaram às escolas.

A verdade é que grande número de escolas municipais funciona com o básico do básico. Bibliotecas, por exemplo, é um tema emblemático. Desde a Antiguidade esses espaços vêm sendo reverenciados como oásis da cultura, da valorização do saber e do prazer em exercitar a imaginação e a curiosidade.

Segundo um estudo preparado em dezembro de 2008, pelo Conselho de Desenvolvimento Econômico e Social, hoje quase 18 milhões de alunos do ensino fundamental (53,9% do total) e quase 2,7 milhões de jovens (30,2%) do ensino médio simplesmente não têm acesso a bibliotecas. O mais dramático é que esses dados não levam em conta milhares de escolas que possuem bibliotecas fechadas, por falta de pessoal qualificado.

Os meios de comunicação mostram, volta e meia, cidadãos que, por iniciativa própria, arrecadam livros e formam bibliotecas em garagens de suas casas, em galpões por eles construídos, disponibilizando-as para a criançada, para os adolescentes, para a comunidade em geral. Os livros são organizados em estantes de madeira, aleatoriamente, sem a preocupação de se dar nome à biblioteca ou fazer dela uso promocional.

Esses grandes brasileiros sentem prazer em oferecer cultura, horas de lazer e de aprendizado, preciosos objetos de pesquisa para complementação dos estudos dos alunos em salas de aula. Como essas pessoas conseguem liderar movimentos culturais desse porte? Uma delas, ao ser perguntada por que presta esse serviço, simplesmente respondeu, em meio a um sorriso de intensa realização: *"Não aprendi a ler. Não quero isso para as crianças do meu País"*.

Exemplo de exercício amplo, total e irrestrito de cidadania.

O Meio Ambiente

"Jamais duvide que um grupo de cidadãos comprometidos e preocupados possa mudar o mundo. Na verdade, esta é a única forma de mudança que pode dar certo."
Margaret Mead

O Conselho Nacional do Meio Ambiente – CONAMA, órgão consultivo e deliberativo do Sistema Nacional do Meio Ambiente – SISNAMA, foi instituído pela Lei nº 6.938/81, que trata da Política Nacional do Meio Ambiente, regulamentada pelo Decreto nº 99.274/90. O CONAMA é presidido pelo Ministro do Meio Ambiente (MMA) e sua Secretaria Executiva é exercida pelo Secretário-Executivo do MMA.

Trata-se de um colegiado representativo composto de cinco setores: órgãos federais, estaduais e municipais, setor empresarial e sociedade civil, que se reúne ordinariamente a cada 3 meses em Brasília, Distrito Federal, para deliberar sobre diretrizes e normas técnicas, critérios e padrões relativos à proteção ambiental e ao uso sustentável dos recursos ambientais. Suas reuniões são públicas e abertas a toda a sociedade.

A Agenda Ambiental 21, documento assinado por 176 países, deu início ao processo de criação de políticas públicas para o desenvolvimento sustentável por meio de parcerias entre autoridades locais e demais setores da sociedade. Foi considerado o principal produto da Conferência das Nações Unidas para o Meio Ambiente e o Desenvolvimento (CNUMAD), realizada em junho de 1992 na cidade do Rio de Janeiro, e teve como objetivo primordial buscar meios de conciliar o desenvolvimento socioeconômico com a conservação e proteção do ecossistema do Planeta Terra.

A partir desse marco, um número expressivo de municípios brasileiros criou secretarias ou departamentos de meio ambiente, incentivados pelas exigências de uma sociedade mais conscientizada ecologicamente. O sucesso das agendas locais relaciona-se diretamente ao nível de autonomia de cada município, à flexibilidade com que estabelece conselhos de participação popular e interage com os municípios circunvizinhos na busca conjunta de resolução para os problemas comuns.

Ocorre que no **período das grandes, sempre esperadas e constantes chuvas**, responsáveis, inúmeras vezes, por enchentes calamitosas, o que mais se vê nos municípios brasileiros são ruas encharcadas de água por absoluta incapacidade de absorção pelas redes pluviais subterrâneas, em geral danificadas, entupidas, ineficazes. Para piorar o quadro, os bueiros, as bocas de lobo, por se encontrarem sistematicamente sem condições de escoar o excessivo fluxo da água da chuva, exalam diariamente, com a vinda da estiagem e o consequente calor, um cheiro insuportável.

Bueiros, bocas de lobo entupidas

Conhecer o comportamento das águas pluviais na área urbana e ribeirinha do município; fazer o mapeamento das áreas de risco sujeitas a inundações e desmoronamentos; propor e realizar investimentos em drenagem a curto, médio e longo prazos tem de ser prioridade e prioridade expressa em um plano de drenagem e manejo de águas pluviais da prefeitura do município.

Mais importante ainda é apontar alternativas para a população, instruindo-a sobre como ela deve agir em situações calamitosas, para mantê-las, na medida do possível, sob controle. Isso, sim, é agir proativamente. Uma forma de evitar o sofrimento intenso de famílias que ficam atônitas, sem saber como serão suas vidas dali para a frente. Fazer visitas políticas, clicadas pela mídia, para mostrar apoio, preocupação e solidariedade quando tudo foi por água abaixo, literalmente falando, de nada adianta.

Comunidades de municípios afetados por sucessivas enchentes têm de exercer o efetivo controle social e exigir do prefeito um planejamento de ações contingenciais, fundamentais para que se desenhe um remanejamento estratégico de área para moradias, cobrindo prioritariamente as populações ribeirinhas e carentes, moradoras de encostas de morros frágeis, que se esfarelam ao contato com a água das chuvas e dos rios cheios, produzindo um lamaçal perverso e deixando um rastro terrível de destruição.

Desmoronamento causado pelas chuvas

Segundo Raquel Rolnik, professora da Faculdade de Arquitetura e Urbanismo (FAU) da Universidade de São Paulo (USP), em janeiro é levantada discussão sobre o excessivo volume de chuvas que caem sobre o Sudeste e em julho sobre o Nordeste. Realmente, essas são as épocas de maior volume de chuvas. A população pobre não tem como pagar pelas habitações em locais seguros nos valores estabelecidos pelo mercado e por isso é obrigada a morar em locais de alto risco, caracterizados por ocupações em encostas frágeis, desmatadas, e cortando geralmente morros.

Assistem-se hoje a muitas secretarias ou departamentos municipais do meio ambiente sem estrutura organizacional adequada, desprovidos de pessoal técnico e de equipamentos, dificultando os órgãos municipais a manterem um gerenciamento ambiental satisfatório. Por conta disso, a sociedade continua exposta aos riscos ambientais enquanto novos casos de doenças surgem todos os dias, muitas vezes decorrentes de erros e omissões do passado e do presente, sem a menor preocupação com o futuro.

Deve-se incorporar como responsabilidade ambiental dos municípios questões como água tratada, mananciais protegidos, sistemas de tratamento de esgoto, tratamento adequado dos resíduos sólidos, ampliação e manutenção das áreas verdes nativas, praias e rios limpos.

O poder público municipal, em parceria com o setor privado e entidades representativas da comunidade, pode realizar diversas ações que irão melhorar, sobremaneira, as condições ambientais de seus municípios, necessitando, para tanto, de dirigentes capazes, interessados e plenamente conscientizados da necessidade de se respeitar a natureza e, consequentemente, o ser humano (Roberto Roche).

A destinação de resíduos urbanos, que advêm do comércio, residências, casas de saúde e/ou hospitais, por exemplo, poderia ocorrer nos moldes do que demonstra a figura a seguir. Qualquer tentativa de reduzir a quantidade de lixo ou alterar sua composição pressupõe mudanças no comportamento social.

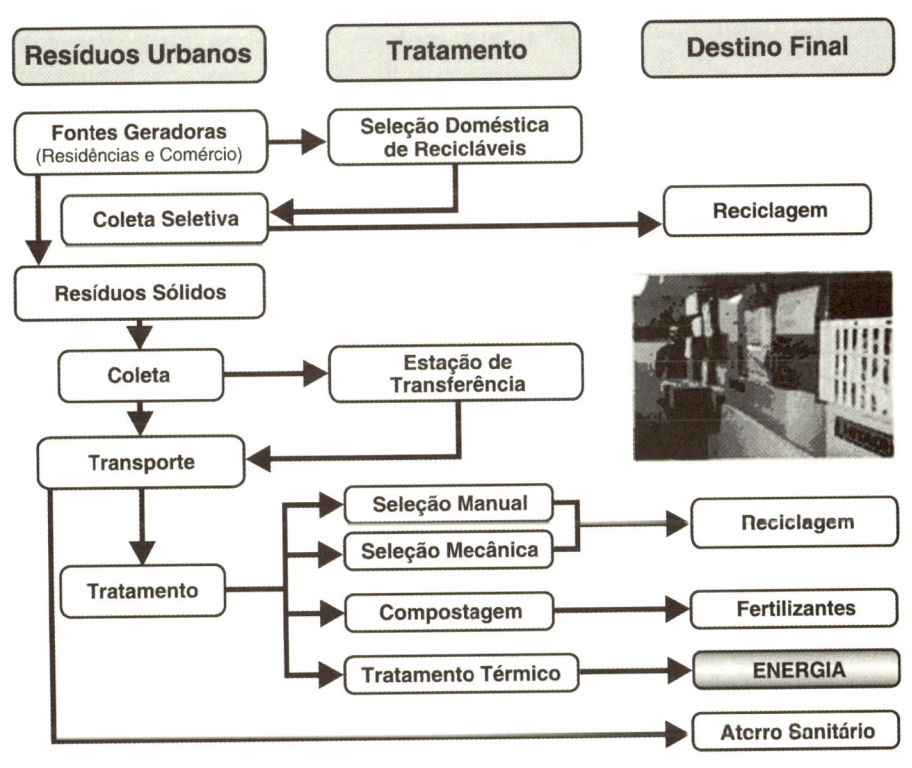

Fonte: Technical Guidance Report – Banco Mundial

Destinação de resíduos urbanos

Infelizmente a realidade não é esta. Em geral, o lixo que é retirado pelos caminhões coletores de muitas prefeituras municipais vai para algum lugar do município, muitos deles impróprios. Despeja-se o lixo em terrenos baldios, nos rios, sem que haja preocupação alguma com a contaminação do solo, que pode atingir até o nível dos lençóis freáticos, causando prejuízos imensos ao ecossistema e à saúde da população do município.

O tratamento e a disposição adequada de resíduos sólidos urbanos ainda são bastante negligenciados pelos órgãos públicos municipais, o que maltrata demais o meio ambiente. Os lixões a céu aberto, muitos deles localizados às margens de rios e lagoas, são depósitos de lixo, sem qualquer tratamento e muitos deles existem por autorização das prefeituras.

Segundo a Companhia de Tecnologia de Saneamento Ambiental (CETESB), de São Paulo, há comunidades instaladas sobre locais onde havia antes lixões industriais, aterros, lagoas, estuários e outras áreas contaminadas. Só nesse estado, há mais de 500 áreas contaminadas. Infelizmente é dessa forma que a maioria das cidades brasileiras ainda "trata" o destino de seus resíduos sólidos.

Lixão a céu aberto

No Brasil esse é um problema gravíssimo, pois parcela substancial de municípios nem imagina que o depósito de lixo em lixões causa problemas que atingem muitos e muitos quilômetros em sua volta. E o lixão traz ainda mais um agravante: atrai a população carente e desempregada, que passa a se alimentar dos restos encontrados no lixo e a sobreviver dos materiais que podem ser vendidos.

No momento, as ações de governo têm um cunho puramente reativo, haja vista a Constituição de 1988, que contempla sanções aos infratores, ou leis rigorosas, como as de nº 6.938/81 e nº 9.605/98, que tratam de crimes ambientais, de penalidades, detenções, multas pesadas que variam de R$ 50,00 a R$ 50.000.000,00.

Faltam ações proativas para quebrar o paradigma de que o cidadão brasileiro somente aprenderá se for penalizado, atacando os efeitos em detrimento das causas.

Gestão Participativa:
Plano Diretor

"O planejamento não diz respeito a decisões futuras, mas às implicações futuras de decisões presentes."

Peter Drucker

Plano Diretor é uma lei municipal que estabelece diretrizes para a ocupação planejada das áreas urbanas de uma cidade, em um determinado período de tempo. Nele são identificadas e analisadas as características, as atividades predominantes, as potencialidades e os problemas que ameaçam o município.

Por ser um conjunto de regras básicas que determinam o que pode e o que não pode ser feito em cada parte da cidade, envolve necessariamente discussão pública que analisa e avalia a cidade como é para se planejar a cidade que se quer, em explícito exercício de visão de futuro permeada pela construção coletiva.

Trata-se, portanto, de um trabalho de parceria em que a prefeitura, em conjunto com a sociedade, se empenha em equacionar o crescimento populacional, tendo como princípios básicos uma melhor qualidade de vida e a preservação dos recursos naturais. O Plano Diretor deve, portanto, ser amplamente discutido e aprovado pela Câmara de Vereadores e sancionado pelo prefeito. O resultado, formalizado como lei municipal, é a expressão do pacto firmado entre a sociedade e os poderes executivo e legislativo.

Desde 2001, a legislação brasileira exige que a elaboração e a revisão de um plano diretor sejam realizadas de forma participativa e democrática, por meio de debates públicos, audiências, consultas e conferências. Se não houver participação da sociedade civil, o plano diretor pode ser invalidado.

Nosso país tem agora 5.565 municípios de 26 Estados e no Distrito Federal. No final de 2008 ocorreu a emancipação do município de Nazária (PI), que se separou de Teresina, dela distante 30 km (região Grande Teresina). O fato ocorreu após dez anos de contendas judiciais, porque outros povoados incorporados não queriam deixar de fazer parte da capital.

Segundo o censo preliminar do IBGE (2007), desse total de municípios 4.000 têm população não superior a 20.000 habitantes, para preocupação de muitos prefeitos porque os resultados populacionais dos municípios pesquisados interferem, entre outros, nos cálculos do Fundo de Participação dos Municípios – FPM.[2]

Há municípios brasileiros com 834 habitantes, como é o caso de Borá-SP. Em seguida vêm Serra da Saudade, em Minas Gerais (863 hab.) e Anhanguera, em Goiás (966 hab.). No caso de Serra da Saudade, o município encolheu mais ainda, pois no Censo 2000 tinha 873 habitantes (IBGE, julho, 2008). Há outros tantos municípios com população variando entre mil e seis mil habitantes. Para se ter uma ideia melhor, do total de 5.565 municípios, 73% situam-se na faixa abaixo de trinta mil habitantes, o que corresponde a aproximadamente 3.894 municípios, onde residem cerca de 20% da população brasileira, ou seja, aproximadamente 34 milhões de habitantes (PNUD, 2003).

A partir de 1988, com a promulgação da Nova Constituição Federal, os municípios foram considerados entes da Federação e dotados de autonomia política, administrativa, financeira e normativa. Em tese, a responsabilidade e a gestão das prefeituras municipais, de porte maior ou menor, têm igual autonomia. Dessa forma, em se tratando da gestão do governo local, torna-se imprescindível a discussão sobre as práticas de participação e cidadania nas diferentes escalas de tamanho populacional dos municípios e sua grande heterogeneidade de condições socioambientais (Crivelaro, 2007).

Está aí nosso imenso Brasil, quinto maior país do mundo em extensão territorial.[3] Seus 5.565 municípios (IBGE, 2007/2008) ocupam uma área de 8.547.403 km^2 no planeta Terra.

---

[2] Fundo de Participação dos Municípios (FPM) é uma transferência constitucional (CF, Art. 159, I, b), composta de 22,5% da arrecadação do Imposto de Renda e do Imposto sobre Produtos Industrializados. A distribuição dos recursos aos municípios é feita de acordo com o número de habitantes. São fixadas faixas populacionais, cabendo a cada uma delas um coeficiente individual. O mínimo é de 0,6 para municípios com até 10.188 habitantes, e, o máximo é 4,0 para aqueles acima de 156 mil. Os critérios atualmente utilizados para o cálculo dos coeficientes de participação dos municípios estão baseados na Lei nº 5.172/66 (Código Tributário Nacional) e no Decreto-Lei nº 1.881/81. Do total de recursos 10% são destinados aos municípios das capitais, 86,4% para os demais municípios e 3,6% para o fundo de reserva a que fazem juz os municípios com população superior a 142.633 habitantes (coeficiente de 3,8), excluídas as capitais.

[3] Países maiores do que o Brasil: Estados Unidos, China, Canadá e Rússia.

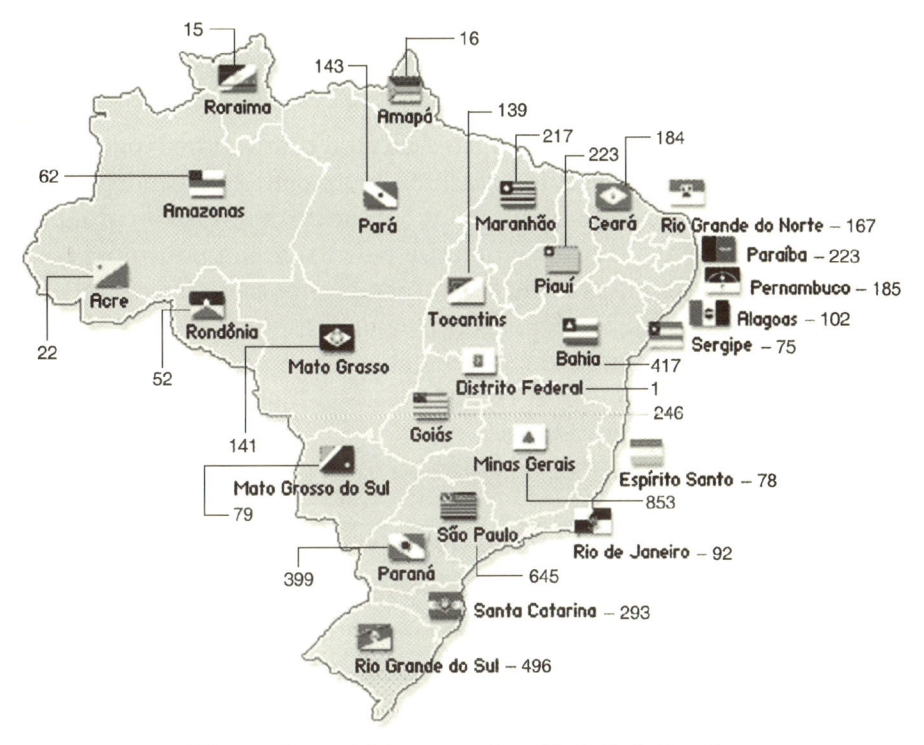

Roraima — 15
Amapá — 16
Amazonas — 62
Pará — 143
Maranhão — 217
Piauí — 223
Ceará — 184
Rio Grande do Norte — 167
Paraíba — 223
Pernambuco — 185
Alagoas — 102
Sergipe — 75
Acre — 22
Rondônia — 52
Tocantins — 139
Bahia — 417
Distrito Federal — 1
Goiás — 246
Mato Grosso — 141
Mato Grosso do Sul — 79
Minas Gerais — 853
Espírito Santo — 78
São Paulo — 645
Rio de Janeiro — 92
Paraná — 399
Santa Catarina — 293
Rio Grande do Sul — 496

Número de municípios em cada unidade da federação

Prefeitos, secretários municipais e vereadores têm de ter a iniciativa de extrapolar as dimensões dos processos internos burocratizados e centrar foco nos resultados que expressem impactos positivos para os cidadãos. Os padrões ótimos de eficiência, eficácia e efetividade exigem quebra da cultura burocrática, cujo processo de mudança nao é fácil e nem rápido, passa pela redefinição de valores, capacitação e desenvolvimento dos servidores, bem como o envolvimento dos órgãos representativos da sociedade no que tange à participação, acompanhamento e controle dos resultados apresentados pelo governo municipal.

De que maneira os 5.565 prefeitos municipais irão administrar confortavelmente seus municípios após terem tomado posse em um país com maioria absoluta de municípios pequenos, de até 30 mil habitantes, ainda não adequados completamente às legislações obrigatórias, à CF de 1988 e com pouca oferta de serviços e programas para a população? Impossível fazê-lo sozinhos, sem a participação, principalmente, da sociedade e de instituições parceiras.

O mérito da gestão participativa ao convocar a participação popular no processo de decisão relacionado às políticas públicas (CF, 1988) na elaboração do plano diretor, conforme demonstra o diagrama abaixo, atrela-se à criação de uma cultura ainda pouco praticada em nosso País e que se relaciona ao compromisso institucional que a liderança deve assumir com as partes interessadas, dentro de um ciclo contínuo de aprendizado, propiciado pelas ações **avaliar** e **agir**, em um ambiente de continuidade, avaliação, monitoramento contínuo e relacionamento incessante.

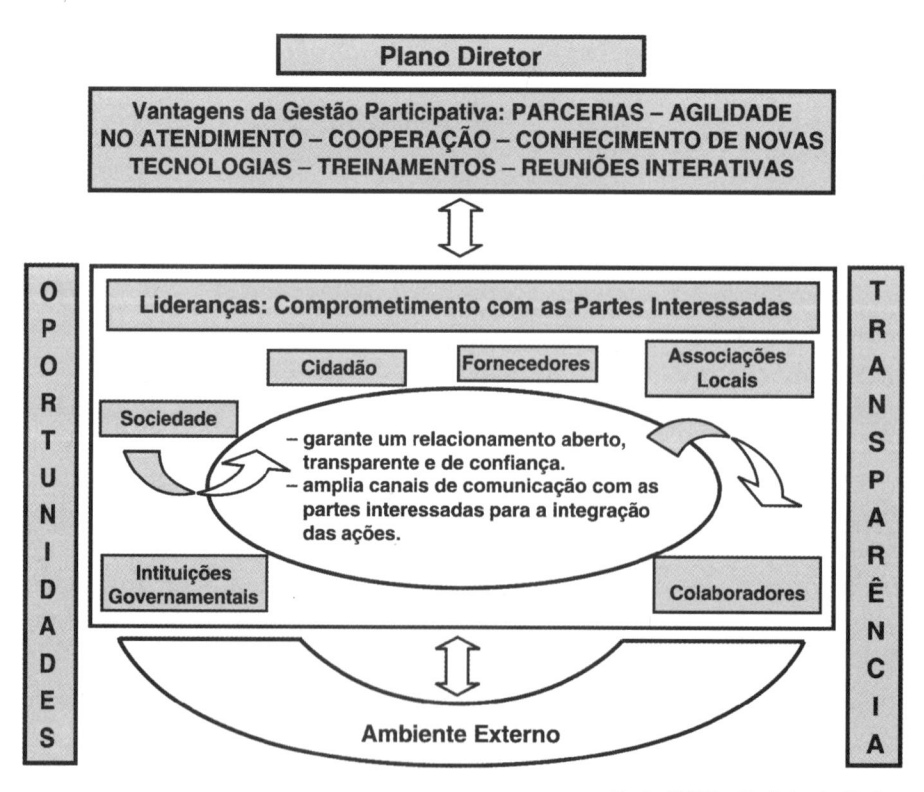

Plano Diretor
Vantagens da Gestão Participativa: PARCERIAS – AGILIDADE NO ATENDIMENTO – COOPERAÇÃO – CONHECIMENTO DE NOVAS TECNOLOGIAS – TREINAMENTOS – REUNIÕES INTERATIVAS

OPORTUNIDADES

Lideranças: Comprometimento com as Partes Interessadas

Cidadão — Fornecedores — Associações Locais

Sociedade

– garante um relacionamento aberto, transparente e de confiança.
– amplia canais de comunicação com as partes interessadas para a integração das ações.

Intituições Governamentais — Colaboradores

Ambiente Externo

TRANSPARÊNCIA

Fonte: PNUD – Maria Lucia Simões

O Plano Diretor decorre, portanto, de um processo de construção coletiva, com periodicidade definida, mas de caráter ininterrupto, tendo como princípio planejar estrategicamente para uma melhor qualidade de vida da comunidade e a preservação dos recursos naturais de todo o município (área urbana e rural).

Índice de Desenvolvimento Humano – IDH

O paradigma que a sociedade atual impõe ao gestor público sinaliza para o compromisso com o conhecimento, a ética, a transparência, a informação constante e o exercício do controle social, além da busca por metas transformadoras e avaliação contínua de seus resultados, para demonstrar os impactos positivos pela melhoria da saúde, da educação, do meio ambiente, expressos por um bom IDH (Índice de Desenvolvimento Humano).

Figura de Alexandre Fukuda – 2007

O IDH, índice criado pelo PNUD (Programa das Nações Unidas para o Desenvolvimento), é calculado para diversos países desde 1990. Originalmente proposto para medir a diferença entre países, foi adaptado para ser aplicado também a estados e municípios.[4] Três indicadores calculam o IDH de um município:

Longevidade – a expectativa de vida e nascimento da população de uma determinada região.

Acesso à educação – o nível de alfabetização de adultos e número de pessoas com acesso aos três níveis educacionais.

---
[4] O IDH dos municípios pode ser obtido por intermédio de consulta na página www.pnud.org.br/atlas/PR/Calculo_IDH.doc.

Qualidade de vida – leva em conta o PPC (Paridade do Poder de Compra).

O índice de IDH vai de 0 a 1, ou seja, quanto mais perto do 1, maior é o desenvolvimento humano, melhor é a qualidade de vida.

Segundo o IBGE, os números mostram no mapa a seguir uma clara divisão do IDH.

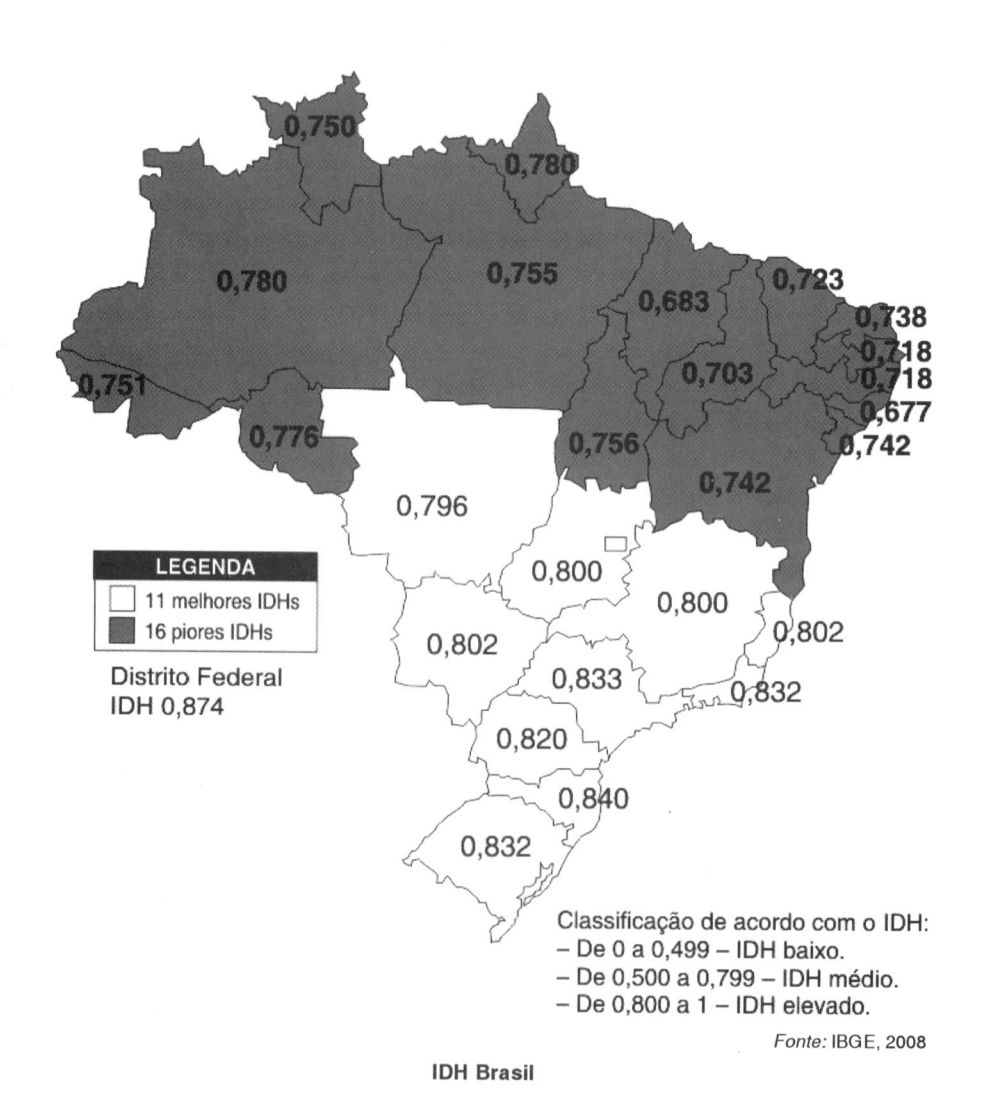

LEGENDA
- 11 melhores IDHs
- 16 piores IDHs

Distrito Federal
IDH 0,874

Classificação de acordo com o IDH:
– De 0 a 0,499 – IDH baixo.
– De 0,500 a 0,799 – IDH médio.
– De 0,800 a 1 – IDH elevado.

Fonte: IBGE, 2008

IDH Brasil

Estados do norte e nordeste (piores IDH), estados do sul, sudeste e centro-oeste (melhores IDH). Brasília no Centro-Oeste ocupa a primeira colocação com um IDH de 0,874, superior ao de países como a Argentina e Emirados Árabes Unidos.

Entre 1991 e 2005, o IDH de todas as unidades federativas melhorou. A Região Nordeste, que registra os piores números desde a década passada, teve também o maior crescimento do índice, 16,3%, seguida pelas Regiões Sudeste e Centro-Oeste, ambas com 10,9%. O Sul, que mantém os seus três estados entre os seis primeiros IDH's também desde a década passada, foi o que menos evoluiu no indicador: 8,5%. Dos dez estados com maior variação no índice, nove são nordestinos. Os de melhoria mais forte foram Paraíba, Piauí e Bahia.

Colocação no ranking de IDH de alguns países, com destaque para o Brasil, segundo dados referentes a 2008, divulgados no PNUD de 2009:

Ranking de IDH – Países		
Classificação	País	Percentual de IDH
Primeiro	Noruega	0,971
Segundo	Austrália	0,970
Terceiro	Islândia	0,969
Quarto	Canadá	0,966
Quinto	Irlanda	0,965
Sexto	Países Baixos	0,964
Sétimo	Suécia	0,963
Oitavo	França	0,961
Nono	Suíça	0,960
Décimo	Japão	0,960
Décimo terceiro	Estados Unidos	0,956
....	....	....
Septuagésimo quinto	**Brasil**	**0,813**

Gestão Pública com Excelência:
É Possível

"Tire o S da crise. CRIE!"
Marco Aurélio Ferreira Viana

Inúmeros relatos nos capítulos anteriores retrataram situações relativas às áreas de saneamento básico, saúde, educação e meio ambiente, demonstrando que expressiva quantidade de municípios brasileiros vive em condições de precariedade em razão da falta de planejamento de suas ações.

O problema, portanto, não se concentra na exclusiva escassez de recursos financeiros e nem mesmo nas extensas dimensões do País, riquíssimo em biodiversidade.

As prefeituras, guardadas as suas devidas proporções, recebem recursos provenientes de arrecadações de impostos e serviços prestados, do Orçamento Geral da União – OGU e de financiamentos de ampla gama de programas do Governo Federal, sem contar que a comunicação e a informação estão ágeis, atualizadas em tempo real e qualquer orientação de um órgão fiscalizador pode ser obtida por celular ou pela Internet, caso o problema tenha caráter emergencial.

Gestão pública estratégica, dentro de um contexto permanente de planejamento em razão das mudanças constantes de cenário, exige aperfeiçoamento contínuo das atividades das áreas finalísticas, que são um conjunto de operações que se realizam de modo contínuo e se destinam à prestação de serviços públicos, ao atendimento direto ou indireto à população e à realização da finalidade constitutiva do órgão de poder local.

Ocorre em um clima de constante revisão da relação entre Estado com o cidadão, devendo as ações da prefeitura estar em perfeito entrosamento com o plano diretor do município, promulgado pela Câmara de Vereadores.

É preocupante que um número expressivo de municípios com mais de 20.000 habitantes (artigo 182, CF 1988) não possui ainda um plano diretor institucionalizado, instrumento básico da política de desenvolvimento e sustentabilidade do município.

```
PLANO DIRETOR DO MUNICÍPIO
LEI MUNICIPAL

PLANO ESTRATÉGICO → PLANO DE AÇÃO → EFETIVIDADE NOS RESULTADOS
```

O método PDCA propicia aos gestores públicos municipais que a ação saia, gradativamente, do estágio letárgico, precário, moroso, para um quadro de dinamismo, produtividade, representado pelos resultados satisfatórios. É o exercício pleno do método, do caminho a ser seguido. Define o que se quer, planeja o que será feito, estabelece metas e estabelece quais caminhos permitirão atingir as metas propostas.

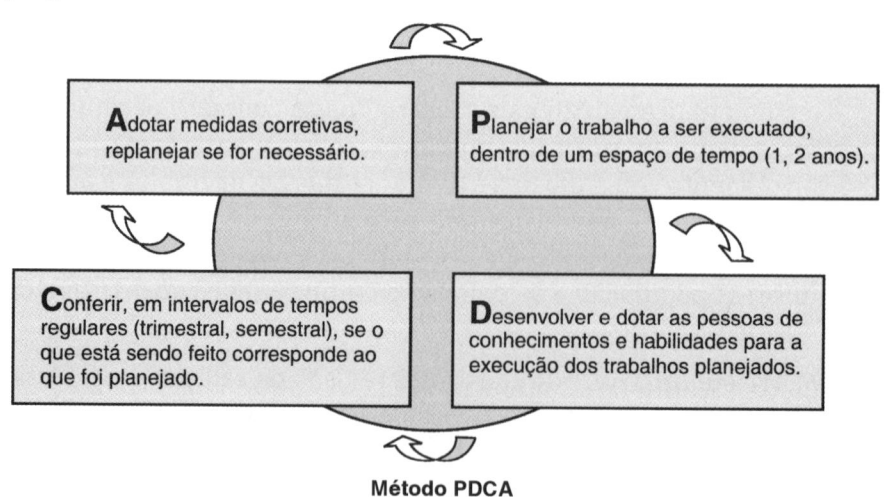

```
Adotar medidas corretivas, replanejar se for necessário.   |   Planejar o trabalho a ser executado, dentro de um espaço de tempo (1, 2 anos).

Conferir, em intervalos de tempos regulares (trimestral, semestral), se o que está sendo feito corresponde ao que foi planejado.   |   Desenvolver e dotar as pessoas de conhecimentos e habilidades para a execução dos trabalhos planejados.
```

Método PDCA
Ciclo de Melhoria Contínua da Gestão

Para o entendimento do PDCA, verifica-se a sua **primeira fase**, que é a de **Planejamento**, a ser delineado em um **Plano de Ação** para facilitar o andamento das demais fases subsequentes. Um bom planejamento depende de se ter primeiro um objetivo bem definido, um bom estudo dos meios para se atingir esse objetivo, com definição adequada de prazos, custos e responsabilidades. A figura a seguir demonstra um modelo de Plano de Ação.

Plano de Ação para Melhoria do Processo de Trabalho								
Órgão:					Visto do Responsável:			
Identificação do Processo de Trabalho:					Data da Aprovação:			
Nº	Ação (O que fazer)	Etapa (Como fazer)	Nome do Responsável	Início (P)	Término (P)	Início (R)	Término (R)	Observações
Legenda: Previsto (P) Realizado (R)								

Modelo de Plano de Ação

Em seguida vem a segunda fase, que é a da **execução** do Plano de Ação. Envolve, se necessário, a capacitação ou treinamento em serviço aos colaboradores para que tenham condições de melhor desempenhar o que lhes foi determinado.

Os resultados começam a se mostrar na **terceira fase**, quando se faz uma **análise** preliminar se o que está sendo executado se insere no que foi planejado e se está surtindo efeitos positivos.

É um ótimo momento para se fazer uma pesquisa de satisfação junto ao cidadão, ouvir as entidades representativas da comunidade e ver a repercussão da mudança. Suas críticas e sugestões enriquecem sobremaneira o ciclo, aproximando-o aos poucos da virtuosidade, que equivale ao pleno exercício do método, do caminho a ser seguido com orientação e transparência.

"A **quarta fase** é a de **consolidação dos resultados**, caso tudo tenha ocorrido dentro do planejado. Se caso os procedimentos propostos forem satisfatórios o ciclo é reiniciado, agregando maior qualidade ..."

É bom ressaltar que durante a elaboração de um planejamento estratégico ou se adotado um Plano de Ação mais simplificado em uma secretaria de saúde de um determinado município, por exemplo, é possível a identificação do que vem contribuindo negativamente para a boa execução de algumas de suas ações.

Podem ser causas de origem financeira, falta de pessoal qualificado, desmotivação dos servidores, falta de matéria-prima e de equipamentos, que podem inclusive existir mas que estão "parados" por não receberem a requerida manutenção, bem como a ausência de orientação para evitar a existência dessa grave realidade, aspecto esse ligado à liderança.

Para identificar quais de fato são as causas do efeito indesejável é preciso um somatório de iniciativas dos diversos setores da sociedade e do poder público local, envolvendo saneamento, a própria saúde, capacitação, voluntariado, a programação e o desempenho financeiros, a informação e o conhecimento, e muitos outros.

É necessário visualizar o problema de diversos ângulos e não mobilizar apenas o setor saúde para encontrar a solução.

Daí a importância da análise de cenário porque na verdade não existe um problema isolado. Existe de fato um efeito indesejável proveniente de diversas causas que demonstram a ineficiência dos serviços prestados em determinada área ou setor do município.

Diagrama de Análise do Cenário do Município

O Diagrama demonstrado a seguir é a base para a gestão e o planejamento das diretrizes estratégicas das diversas áreas do Município (saneamento, saúde, educação, meio ambiente).

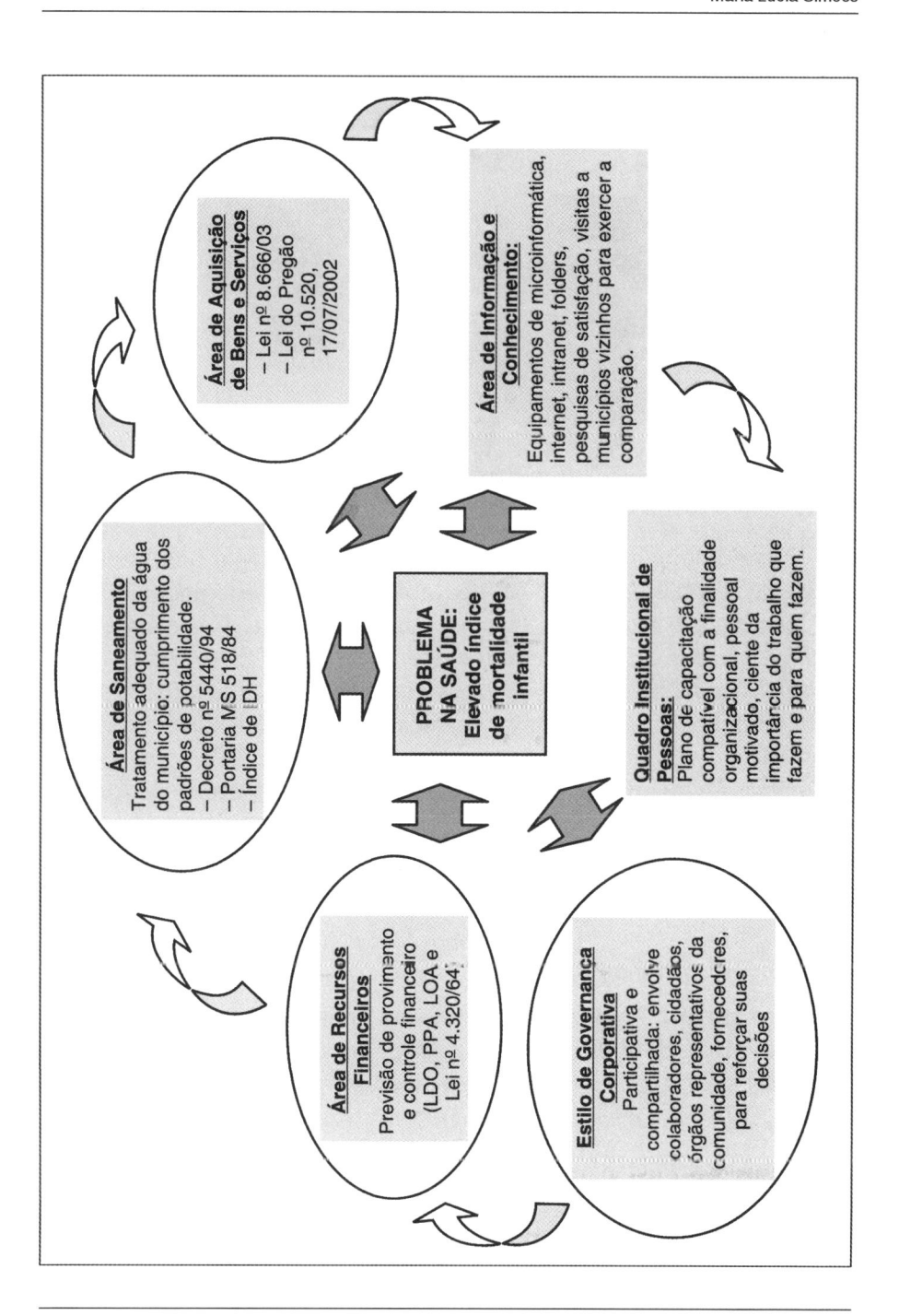

Área de Aquisição de Bens e Serviços
– Lei nº 8.666/03
– Lei do Pregão nº 10.520, 17/07/2002

Área de Informação e Conhecimento:
Equipamentos de microinformática, internet, intranet, folders, pesquisas de satisfação, visitas a municípios vizinhos para exercer a comparação.

Área de Saneamento
Tratamento adequado da água do município: cumprimento dos padrões de potabilidade.
– Decreto nº 5440/94
– Portaria MS 518/84
– Índice de IDH

PROBLEMA NA SAÚDE: Elevado índice de mortalidade infantil

Quadro Institucional de Pessoas:
Plano de capacitação compatível com a finalidade organizacional, pessoal motivado, ciente da importância do trabalho que fazem e para quem fazem.

Área de Recursos Financeiros
Previsão de provimento e controle financeiro (LDO, PPA, LOA e Lei nº 4.320/64).

Estilo de Governança Corporativa
Participativa e compartilhada: envolve colaboradores, cidadãos, órgãos representativos da comunidade, fornecedores, para reforçar suas decisões

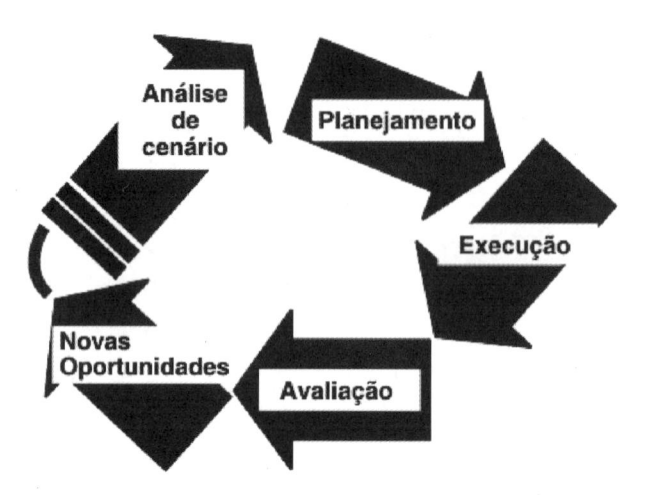

```
        Análise          Planejamento
          de
        cenário
                                         Execução

        Novas
        Oportunidades   Avaliação
```

Supondo que o efeito indesejável, neste caso, seja o aumento do índice de mortalidade infantil, de antemão ele já contraria o art. 196 da Constituição Federal, que dispõe expressamente sobre o direito à saúde: *"A saúde é direito de todos e dever do Estado, garantido mediante políticas sociais e econômicas que visem à redução do risco de doença e de outros agravos e ao acesso universal e igualitário às ações e serviços para sua promoção, proteção e recuperação"*, o que inclui o fornecimento de medicamentos indispensáveis ao tratamento de pessoas portadoras de enfermidades.

Para melhor visualização, o diagrama da página seguinte demonstra o grau de permeabilidade de possíveis causas elencadas e que fazem interface com o principal problema, levando-se em conta os ambientes interno e externo.

Esse sucinto delineamento do cenário foi possibilitado após levantamento e identificação feitos com a participação dos dirigentes e técnicos das áreas envolvidas, entidades representativas da comunidade, informações qualitativas e quantitativas, sugestões dos cidadãos usuários do município, visitas aos locais onde ocorrem os fatos geradores do efeito indesejável, pesquisa na Internet, por exemplo, sobre experiências que demonstraram a superação desse efeito indesejável em outros municípios com características similares.

Metodologia de Análise e Solução de Problemas Aplicada ao PDCA

Fases	Etapas	Objetivo
P	Identificar o problema.	➢ Definir claramente o problema/processo e reconhecer sua importância de ser resolvido/melhorado.
P	Observar o porquê da existência do problema.	➢ Investigar as características específicas do problema/processo com uma visão ampla e sob vários pontos de vista. ➢ Verificar se esse problema existe em outros municípios e como foi resolvido (gestão comparativa). ➢ Solicitar sugestões dos órgãos representativos da comunidade (gestão participativa).
P	Analisar qual o fato gerador do efeito indesejável (problema).	➢ Descobrir as causas que contribuíram para o aparecimento do efeito indesejável (problema).
P	Elaborar Plano de Ação.	➢ Inserir em uma planilha as informações necessárias à elaboração do Plano de Ação, para que o problema seja sanado.
D	Executar as ações previstas no Plano de Ação.	➢ Realizar as ações previstas no Plano de Ação para eliminar a causa que gerou o problema.
C	Verificar	➢ Averiguar se o problema foi totalmente resolvido por meio de acompanhamento constante.
A	Padronizar	➢ Registrar os procedimentos, e dar ciência a todas as partes interessadas, principalmente ao cidadão.
A	Rever sempre e recomeçar, se for preciso.	➢ Rever periodicamente todo o método de solução do problema para verificar se precisa ser melhorado, aperfeiçoado. Caso positivo, reinicia-se o planejamento das fases/etapas.

Nesse momento de troca, vários temas revistos e que ajudaram na proposição de solução do problema abordaram os seguintes pontos, entre outros:

> ➤ **Recursos financeiros:** Há precariedade? Estão sendo geridos eficazmente?
> ➤ **Pessoas:** Falta capacitação? Os servidores estão motivados?
> ➤ **Conhecimento e Informação:** Verificou-se junto aos municípios circunvizinhos se ocorre ou já ocorreu problema similar? Se solucionado, quais fatores contribuíram para a sua solução?
> ➤ **Compras:** A falta de materiais ou de matéria-prima decorre da inexistência de um acompanhamento e controle eficaz de estoque?
> ➤ **Manutenção dos equipamentos:** Os contratos são geridos, observando-se aspectos legais e prazo de vigência?
> ➤ **Liderança:** A gestão exercida é participativa e compartilhada, integrando todos os envolvidos, inclusive o cidadão, seus representantes, os fornecedores, buscando uma integração que certamente contribuiria para a reversão desse quadro?
> ➤ **Saneamento:** A água do município é tratada, atendendo os índices legais de potabilidade?

A utilização do método PDCA facilita quando se faz necessária a realização de uma análise mais profunda do problema, sistematizando-o em etapas e fases, como as constantes do quadro a seguir.

A cultura do *"fazer porque tem de ser feito"* é ainda usada por um número considerável de organizações públicas municipais, que insistem em perpetuar a manutenção do trabalho sem planejamento e controle dos resultados.

A utilização de informações quantitativas e qualitativas geradas, principalmente, pelas pesquisas de satisfação junto ao cidadão, fornecedores, entidades representativas e a atuação regulada por indicadores de qualidade propiciam aos gestores municipais a tomada de atitudes preventivas, contribuindo para que os problemas sejam, senão imediatamente resolvidos, pelo menos minimizados.

Na verdade, quando ocorre um problema, os pensamentos naturalmente se voltam apenas para a sua solução, esquecendo-se de que a solução não está nele, mas nas causas que o determinaram.

Há estilos de gestão municipal que preferem afirmar que seu modo de trabalho é silencioso, mas que com certeza traz impacto positivo para a comunidade. Por que silencioso? E como fica o controle social?

Há participação da sociedade nas sugestões de suas prioridades? Os dois lados têm de se comunicar, debater, para tornar transparente todo o processo encampado. Só assim ele será visto e reconhecido.

Para que haja gestão com excelência o prefeito, o vice-prefeito, sua equipe e o contingente de vereadores devem trabalhar uníssonos, em sintonia, de modo planejado, participativo e compartilhado considerando sempre a realidade do seu município, dentro de um determinado tempo, previamente estipulado, compatibilizando os recursos com os desembolsos programados, sem deixar jamais de convocar a participação popular, pois seu principal cliente é o cidadão.

Culturalmente os gestores são imediatistas, querendo mostrar resultados rápidos para que a comunidade respire tranquila. É um modo de dar conhecimento aos cidadãos que eles acertaram finalmente na escolha da pessoa certa. Esse é um ponto que está muito relacionado à sua autoestima, fazendo sentir-se útil e orgulhoso.

A participação popular na gestão pública é uma condição indispensável para enfrentar os graves entraves ao desenvolvimento social que atingem os municípios, propiciando a abertura de novos caminhos por meio da criação de mecanismos e canais participativos, que irão solucionar velhos problemas.

Por conta disso, se o planejamento ultrapassar a gestão do atual prefeito, o sensato e lógico será o seu sucessor dar continuidade ao que foi planejado, agregando valores. Daí a importância da participação e do aval da comunidade do município no processo de planejamento (Plano Diretor), pois só assim esse paradigma cairá em desuso.

Interrupções de planos a cada novo mandato geram despesas incomensuráveis, além de aumentar o descrédito com o bom uso do dinheiro público.

Accountability – Responsabilização

> *"O candidato a prefeito Justo Veríssimo fez uma enorme doação a uma entidade beneficente. Após entregar o cheque, a equipe da entidade arregalou os olhos de satisfação ao ver o seu valor, porém pediu-lhe que o assinasse pois o candidato havia se esquecido. Justo Veríssimo prontamente respondeu-lhes: 'Por uma questão de modéstia, prefiro permanecer incógnito'."*
>
> **Francisco Anysio de Oliveira Paula Filho**
> **(Seu personagem Justo Veríssimo em Chico Anísio Show)**

Accountability é um termo inglês que tem o significado principal de controle interno e de responsabilização. Ação de caráter preventivo antes que ocorram situações ilícitas, incorretas ou impróprias que possam ferir os princípios da Constituição da República Federativa do Brasil, principalmente o art. 37, seus incisos e parágrafos.

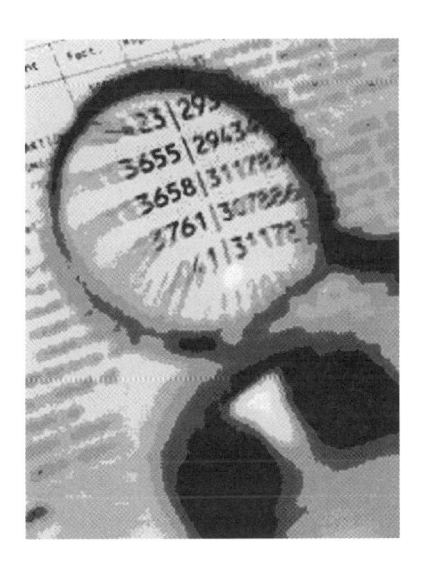

Refere-se às atividades de acompanhamento das condições de qualidade dos produtos e serviços prestados; na elaboração de estatísticas e de indicadores; na contabilização física e financeira; nos registros funcionais de servidores, entre inúmeras outras situações de controladoria interna. Não se trata apenas de prestar contas mas também de realizar uma autoavaliação contínua do que foi feito, de informar ao contribuinte o que se conseguiu fazer e de justificar por que tal empreendimento não aconteceu. *Accountability* ou o compromisso de prestar contas situa-se na esfera da ética, da responsabilidade social, tendo como eixo central os gestores públicos como legítimos representantes dos direitos dos cidadãos.

A Secretaria de Gestão do Ministério do Planejamento, Orçamento e Gestão (MPOG) (www.planejamento.org.br) ancora o Programa Nacional de Gestão Pública e Desburocratização – GESPÚBLICA (Decreto nº 5.378, de 23/2/2005), mecanismo que pode auxiliar substancialmente na regulação do controle interno dos órgãos públicos municipais, contribuindo para a sua sustentabilidade.

O GESPÚBLICA adota a autoavaliação da gestão por meio do Instrumento de Avaliação da Gestão Pública (IAGP), que pode ser disponibilizado às prefeituras gratuitamente.

O Instrumento propicia uma análise crítica do desempenho da gestão, permite a identificação e a proposição de Oportunidades de Melhorias, formalizadas em ações que integrarão seu Plano de Melhoria da Gestão (PMG), com uma vigência prevista de até 15 meses.

Uma das estratégias do Programa é promover a capacitação de servidores das organizações públicas municipais com o propósito de transferir o conhecimento em autoavaliação da gestão, inserindo-a no processo de melhoria contínua.

Como se vê, a realidade atual demonstra a aplicabilidade imediata do conceito *Accountability*, permitindo que os órgãos municipais estejam adequadamente estruturados de maneira que demonstrem contabilmente a origem e a aplicação dos recursos, e informando regularmente à sociedade o que faz, como faz, por que faz, quanto gasta e o que vai fazer a seguir.

Requer ainda maior acessibilidade do cidadão à informação e à documentação relativas aos atos públicos, às formas pelas quais seus governantes estão decidindo em seu nome ou gastando o dinheiro que lhes foi entregue sob a forma de tributos.

Trata-se, portanto, de um processo que implica um amadurecimento gradativo, pois atribui o grau de transparência requerido na execução das ações dos governos municipais, para evidenciar a responsabilidade democrática enquanto agentes públicos, e facilitar à sociedade civil o exercício pleno do controle social, ainda não muito conscientizado pela população.

Prefeitos, secretariado e vereadores têm de estar conscientes de que sua gestão é temporária e de que a Prefeitura é um bem do País. A cultura do método, do planejamento, extrapola mandatos, pois o que realmente importa aos cidadãos brasileiros é que o poder municipal construa uma boa e transparente realidade nos municípios em que vivem, com resultados que tragam impactos positivos e lhes propiciem melhores condições de vida.

Referências Bibliográficas

AFFONSO, R. de B. A. e SILVA, P. L. B. (orgs.) *Reforma Tributária e Federação*. São Paulo: Unesp, 1995.

ALEIXO, Délcio Balestero e BURLE FILHO, José Emmanuel. 17ª ed. São Paulo: Malheiros Editores, 1990.

BRASIL. Decreto-lei nº 200, de 25 de fevereiro de 1967. *In* Reforma Administrativa, 28ª ed. Manuais de Legislação Atlas. São Paulo: Atlas, 1991.

BRASIL. Lei nº 4.320, de 17 de março de 1964.

Caderno Técnico – Núcleo Setorial Saneamento – SNSA – MCidades – 2008.

Constituição Federal – 1988.

FALCONI, Vicente. *Revista Management*, páginas 20 a 31, nº 69, ano 12 – julho/agosto de 2008.

FUNASA. Manual "Criação e Organização de Autarquias Municipais de Água e Esgoto".

FUNDAÇÃO ESCOLA DE SOCIOLOGIA E POLÍTICA. Instituto de Estudos Municipais. Projeto de pesquisa: consórcios intermunicipais, avaliação e desenvolvimento. São Paulo, 2005.

HSM – Periódicos. *Revista Management*.

Instituto Socioambiental (ISA).

JUNQUEIRA, A. T. M. Consórcio Intermunicipal: um instrumento de ação. *Revista Cepam*, São Paulo, Fundação Faria Lima.

MEIRELLES, Hely Lopes *Direito Administrativo Brasileiro*. Atualizada por Eurico de Andrade Azevedo.

PEDERIVA, João Henrique. *Accountability*, Constituição e Contabilidade – *Revista de Informação Legislativa*.

POLIS, Instituto. *Plano Diretor: Participar é um Direito!* – SP.

Relatório Emprego, Desenvolvimento Humano e Trabalho Decente – A experiência brasileira recente, lançado por três agências da ONU: CEPAL (Comissão Econômica para América Latina e Caribe), OIT (Organização Internacional do Trabalho) e PNUD. Relatório publicado em 8 de setembro de 2008.

Sites da Internet:

    a) www.presidência.gov.br/scpai/consorcios/consorcios.htm;

    b) www.ibge.gov.br/;

    c) www.planejamento.gov.br;

    d) www.fnq.org.br;

    e) www.fgv.br/fgvonline/cursosgratuitos.aspx;

    f) www.funasa.gov.br

Szachna Eliasz Cynamon. A hora da verdade nas atividades de saneamento. *Cadernos de Saúde Pública*, Print version ISSN 0102-311X

TORRES, Ricardo Lobo. O Tribunal de Contas e o controle da legalidade, economicidade e legitimidade. *Revista de Informação Legislativa*. Brasília: Senado Federal, janeiro/março de 1994.

VIANA, Marco Aurélio F. *Tire o S da Crise – CRIE..*

Referências Bibliográficas

AFFONSO, R. de B. A. e SILVA, P. L. B. (orgs.) *Reforma Tributária e Federação*. São Paulo: Unesp, 1995.

ALEIXO, Délcio Balestero e BURLE FILHO, José Emmanuel. 17ª ed. São Paulo: Malheiros Editores, 1990.

BRASIL. Decreto-lei nº 200, de 25 de fevereiro de 1967. *In* Reforma Administrativa, 28ª ed. Manuais de Legislação Atlas. São Paulo: Atlas, 1991.

BRASIL. Lei nº 4.320, de 17 de março de 1964.

Caderno Técnico – Núcleo Setorial Saneamento – SNSA – MCidades – 2008.

Constituição Federal – 1988.

FALCONI, Vicente. *Revista Management*, páginas 20 a 31, nº 69, ano 12 – julho/agosto de 2008.

FUNASA. Manual "Criação e Organização de Autarquias Municipais de Água e Esgoto".

FUNDAÇÃO ESCOLA DE SOCIOLOGIA E POLÍTICA. Instituto de Estudos Municipais. Projeto de pesquisa: consórcios intermunicipais, avaliação e desenvolvimento. São Paulo, 2005.

HSM – Periódicos. *Revista Management*.

Instituto Socioambiental (ISA).

JUNQUEIRA, A. T. M. Consórcio Intermunicipal: um instrumento de ação. *Revista Cepam*, São Paulo, Fundação Faria Lima.

MEIRELLES, Hely Lopes. *Direito Administrativo Brasileiro*. Atualizada por Eurico de Andrade Azevedo.

PEDERIVA, João Henrique. *Accountability*, Constituição e Contabilidade – *Revista de Informação Legislativa*.

POLIS, Instituto. *Plano Diretor: Participar é um Direito!* – SP.

Relatório Emprego, Desenvolvimento Humano e Trabalho Decente – A experiência brasileira recente, lançado por três agências da ONU: CEPAL (Comissão Econômica para América Latina e Caribe), OIT (Organização Internacional do Trabalho) e PNUD. Relatório publicado em 8 de setembro de 2008.

Sites da Internet:

    a) www.presidência.gov.br/scpai/consorcios/consorcios.htm;

    b) www.ibge.gov.br/;

    c) www.planejamento.gov.br;

    d) www.fnq.org.br;

    e) www.fgv.br/fgvonline/cursosgratuitos.aspx;

    f) www.funasa.gov.br

Szachna Eliasz Cynamon. A hora da verdade nas atividades de saneamento. *Cadernos de Saúde Pública*, Print version ISSN 0102-311X

TORRES, Ricardo Lobo. O Tribunal de Contas e o controle da legalidade, economicidade e legitimidade. *Revista de Informação Legislativa*. Brasília: Senado Federal, janeiro/março de 1994.

VIANA, Marco Aurélio F. *Tire o S da Crise – CRIE.*.

Diversos Autores
216 páginas
16 x 23cm

Avanços e Perspectivas da Gestão Pública nos Estados

    Alguns Estados Brasileiros se esforçam para desenvolver inovações que visam ganhos de produtividade, economia e melhor prestação de serviços públicos à sociedade. Avanços e Perspectivas da Gestão Pública nos Estados é mais que uma caracterização de ações realizadas com esse objetivo. É um conjunto de recomendações que podem ser seguidas em várias instâncias de todos os governos estaduais brasileiros. A obra tem como base os trabalhos apresentados no LXI Fórum Nacional de Secretários de Administração, realizado em março de 2006, em São Paulo.

    Com prefácio do economista e cientista político, Luiz Carlos Bresser, e artigos de autoria de Francisco Gaetani, coordenador do PNUD no Brasil, Ciro Campos Fernandes, especialista em políticas públicas e gestão governamental e professores renomados da Fundação Getúlio Vargas como Regina Pacheco e José Carlos Vaz, o livro apresenta diversas reflexões atuais sobre as formas de administração governamentais nas esferas federal, estadual e municipal. Quais são sua principais diretrizes, implementações e consequências, em prol da construção de um Estado mais justo, forte e igualitário. Conheça lições e possíveis estratégias para a melhoria da gestão pública no Brasil.

Entre em sintonia com o mundo

QualityPhone:

0800-0263311

Ligação gratuita

Qualitymark Editora
Rua Teixeira Júnior, 441 – São Cristóvão
20921-400 – Rio de Janeiro – RJ
Tels .: (21) 3094-8400/3295-9800
Fax: (21) 3295-9824

www.qualymark.com.br
e-mail: quality@qualitymark.com.br

Dados Técnicos:

• Formato:	16×23cm
• Mancha:	12×19cm
• Fontes Títulos:	Helvetica
• Fontes:	New Century Schoolbook
• Corpo:	11
• Entrelinha:	13
• Total de Páginas:	96
• 1ª Edição:	Março de 2010
• Gráfica:	Armazém das Letras